Matemáticas 4º ESO
8. Resolución de triángulos

José Rodolfo Das López

Matemáticas 4º ESO - 8. Resolución de triángulos
© José Rodolfo Das López, 2018.
Correo Electrónico: jose.das@jrdas.org
Diseño portada y contraportada: Claudia Escribano Máñez
Edita: Sección del IES Fernando III de Ayora en Jalance

ISBN: 978-84-17613-08-2
Depósito Legal: V-1621-2018
1ª edición: Junio, 2018

Índice

Índice	**3**
1 Razones trigonométricas	**5**
2 Cálculo de razones trigonométricas de ángulos 30°, 45° y 60°.	**12**
3 Relaciones trigonométricas	**16**
4 Aplicaciones de la trigonometría	**26**
5 Mediciones indirectas.	**41**
6 Teorema del seno	**49**
7 Teorema del coseno	**56**
Soluciones	**62**

La trigonometría es la parte de las matemáticas que estudia la relación entre las medidas de los ángulos de un triángulo y las medidas de sus lados. Aunque la palabra trigonometría fue utilizada por primera vez a finales del siglo XVI, su estudio se inició en las civilizaciones más antiguas. Por ejemplo, en el Papiro de Rhind hay una tabla en la que se relaciona la inclinación de una recta con su separación de la vertical por unidad de altura. Cabe suponer que con ello conseguían los egipcios mantener constante la inclinación de las caras de las pirámides. Posteriormente, la trigonometría ligada a la astronomía comenzó su desarrollo en Grecia. Aristarco de Samos utilizó técnicas trigonométricas en sus cálculos sobre la relación entre las distancias de la Tierra a la Luna y al Sol. Hiparco de Nicea elaboró, en el siglo II a. C., la primera tabla trigonométrica, por lo que es considerado el padre de la trigonometría.

1 Razones trigonométricas

Consideremos un ángulo agudo, α, y un triángulo rectángulo, de manera que uno de sus ángulos agudos sea α. El cateto de uno de los lados del ángulo α se denomina **cateto adyacente o contiguo** a α y el que no lo es se llama **cateto opuesto** a α:

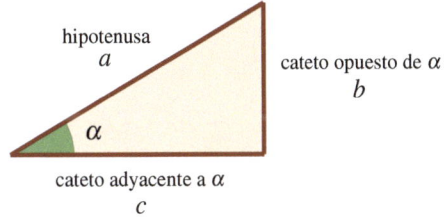

Las **razones trigonométricas** fundamentales del ángulo α son:

- **Seno de** α. Es el cociente entre la medida del cateto opuesto al ángulo α y la medida de la hipotenusa. Se representa por $\sin \alpha$.

$$\sin \alpha = \frac{b}{a} = \frac{\text{Cateto opuesto}}{\text{Hipotenusa}}$$

- **Coseno de** α. Es el cociente entre la medida del cateto adyacente a α y la medida de la hipotenusa. Se representa por $\cos \alpha$.

$$\cos \alpha = \frac{c}{a} = \frac{\text{Cateto adyacente}}{\text{Hipotenusa}}$$

- **Tangente de** α. Es el cociente entre la medida del cateto opuesto a α y la del cateto adyacente al ángulo α. Se representa por $\tan \alpha$.

$$\tan \alpha = \frac{b}{c} = \frac{\text{Cateto opuesto}}{\text{Cateto adyacente}}$$

Observa que las razones trigonométricas de un ángulo no dependen de la medida de los lados del triángulo rectángulo.

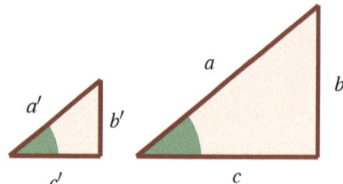

Los dos triángulos son semejantes por tener dos ángulos iguales; por lo tanto, sus lados son proporcionales:

$$\frac{c}{a} = \frac{c'}{a'}, \qquad \frac{b}{a} = \frac{b'}{a'}, \qquad \frac{c}{b} = \frac{c'}{b'}$$

También se pueden definir las siguientes razones:

- **Cosecante de** α. Es la razón inversa de la razón seno. Se escribe $\csc \alpha$.

$$\csc \alpha = \frac{1}{\sin \alpha} = \frac{a}{b} = \frac{\text{Hipotenusa}}{\text{Cateto opuesto}}$$

- **Secante de** α. Es la razón inversa de la razón coseno. Se representa por $\sec \alpha$.

$$\sec \alpha = \frac{1}{\cos \alpha} = \frac{a}{c} = \frac{\text{Hipotenusa}}{\text{Cateto adyacente}}$$

- **Cotangente de** α. Es la razón inversa de la razón tangente. Se representa por $\cot \alpha$.

$$\cot \alpha = \frac{1}{\tan \alpha} = \frac{c}{b} = \frac{\text{Cateto adyacente}}{\text{Cateto opuesto}}$$

Ejercicio resuelto 1.1

Calcula las razones trigonométricas del siguiente triángulo rectángulo:

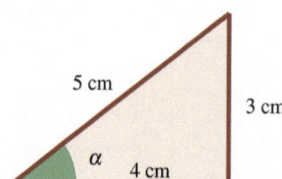

las razones trigonométricas son:

- $\sin\alpha = \dfrac{\text{Cateto opuesto}}{\text{Hipotenusa}} = \dfrac{3}{5}$

- $\cos\alpha = \dfrac{\text{Cateto adyacente}}{\text{Hipotenusa}} = \dfrac{4}{5}$

- $\tan\alpha = \dfrac{\text{Cateto adyacente}}{\text{Hipotenusa}} = \dfrac{3}{4}$

- $\csc\alpha = \dfrac{\text{Hipotenusa}}{\text{Cateto opuesto}} = \dfrac{5}{3}$

- $\sec\alpha = \dfrac{\text{Hipotenusa}}{\text{Cateto adyacente}} = \dfrac{5}{4}$

- $\cot\alpha = \dfrac{\text{Cateto adyacente}}{\text{Cateto opuesto}} = \dfrac{4}{3}$

1.1. Propiedades de las razones trigonométricas

- Las razones trigonométricas de un ángulo agudo son siempre positivas, ya que se definen como el cociente de la medida de dos segmentos.

- El seno y el coseno de un ángulo agudo son siempre menores que 1, ya que se definen como el cociente entre la medida de uno de los catetos y la medida de la hipotenusa, y la hipotenusa siempre es mayor que los catetos. La secante y la cosecante siempre toman valores mayores que 1, ya que son las razones inversas del coseno y del seno, respectivamente:

$$0 < \sin\alpha < 1 \qquad\qquad 0 < \cos\alpha < 1$$
$$\sec\alpha > 1 \qquad\qquad \csc\alpha > 1$$

- La tangente y la cotangente de un ángulo agudo pueden tomar cualquier valor real positivo.

Expresión decimal de una razón trigonométrica. Como el seno o el coseno de un ángulo son menores que 1, si se expresasen con una sola cifra decimal, solo tendríamos diez valores distintos para estas razones. Por consiguiente, cuando el seno o el coseno de un ángulo se expresen con un número decimal aproximado, será necesario dar, al menos, cuatro cifras decimales.

Ejercicios

1. Estas son las medidas, en centímetros, de la hipotenusa, a, y los dos catetos, b y c, de un triángulo rectángulo. Calcula las razones trigonométricas de cada uno de los dos ángulos agudos de esos triángulos.

    (a) $a = 5, b = 3, c = 4$.

    (b) $a = 17, b = 15, c = 8$.

    (c) $a = 13, b = 5, c = 12$.

    (d) $a = 25, b = 7, c = 24$.

2. Di si estas afirmaciones son verdaderas o falsas:

    (a) La inversa del seno es la tangente.

    (b) La inversa del coseno es el seno.

    (c) La inversa de la tangente es la cotangente.

3. ¿Se pueden utilizar estos triángulos para hallar las razones trigonométricas de sus ángulos agudos?

    (a)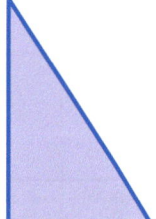

    (b)

    (c)

4. Calcula las razones trigonométricas del ángulo α:

    (a)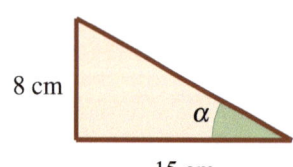

    (b)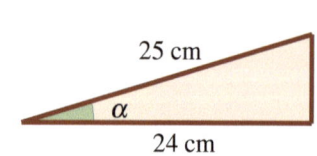

5. Calcula la razón trigonométrica que se indica:

    (a) $\cot \alpha$, si $\tan \alpha = \frac{5}{3}$

    (b) $\sin \alpha$, si $\csc \alpha = 2$

    (c) $\sec \alpha$, si $\cos = 0,7$

    (d) $\csc \alpha$, si $\sin \alpha = \frac{1}{5}$

6. Explica si cada uno de los siguientes valores puede ser el seno o el coseno de un ángulo:

    (a) $0,2$

    (b) $2,5$

    (c) $\frac{2}{3}$

    (d) 1

7. Explica si estos valores pueden ser la tangente, la cotangente, la secante o la cosecante de un ángulo:

    (a) $\frac{5}{3}$

    (b) $0,3$

    (c) 60

    (d) 1

8. En cada uno de los siguientes apartados se dan datos sobre un triángulo rectángulo. Calcula la longitud del lado que se indica en cada caso:

   (a) La hipotenusa, si el coseno de uno de sus ángulos agudos es 0,9396 y el cateto adyacente al ángulo mide 7,28 cm.

   (b) El cateto opuesto a uno de los ángulos agudos, si el seno de ese ángulo es 0,2742 y la hipotenusa mide 12,3 cm.

   (c) El cateto opuesto a uno de los ángulos agudos, si la tangente de dicho ángulo es 0,3639 y el cateto adyacente al ángulo mide 0,52 cm.

   (d) La hipotenusa, si la cotangente de uno de sus ángulos agudos es 5,6713 y el cateto adyacente al ángulo mide 22,3 cm.

9. Calcula las razones trigonométricas de los ángulos agudos de los siguientes triángulos rectángulos en los que a es la hipotenusa, y b y c, los catetos. Si es necesario, redondea el resultado a las diezmilésimas.

   (a) $a = 15$ cm, $b = 9$ cm, $c = 12$ cm.

   (b) $a = 20$ cm, $b = 12$ cm.

(c) $a = 13$ cm, $c = 5$ cm.

(e) $a = 18,5$ cm, $b = 12,3$ cm.

(d) $b = 24$ cm, $c = 18$ cm.

(f) $b = 9,5$ cm, $c = 5,25$ cm.

10. Calcula en cada caso el valor exacto de las razones trigonométricas del ángulo α:

(a)
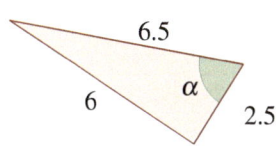

(c)
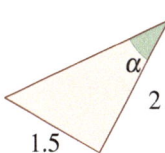

(b)
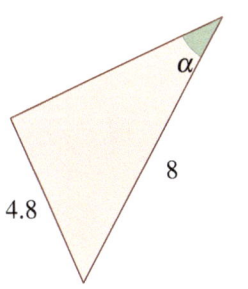

(d)
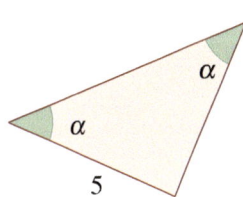

11. Calcula las razones trigonométricas del ángulo α:

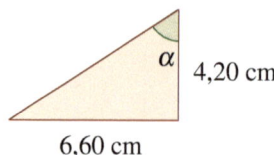

2 Cálculo de razones trigonométricas de ángulos 30°, 45° y 60°.

Para hallar las razones trigonométricas de 30° y 60°, partimos de un triángulo equilátero cuyos ángulos son de 60° y sus lados miden a. Si partimos el triángulo en dos trazando la altura de uno de los vértices, obtenemos un triángulo rectángulo cuya hipotenusa es a y su cateto menor $c = \frac{a}{2}$.

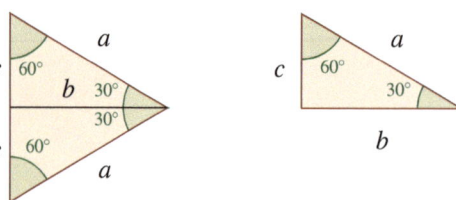

Aplicando el teorema de Pitágoras, vemos que $b^2 = a^2 - c^2 = (2c)^2 - c^2 = 3c^2$, por lo que el cateto b es igual a $c\sqrt{3}$.

De esta forma, las razones trigonométricas de un ángulo de 30° son:

- $\sin 30° = \dfrac{\text{Cateto opuesto}}{\text{Hipotenusa}} = \dfrac{c}{a} = \dfrac{c}{\sqrt{b^2+c^2}} = \dfrac{c}{\sqrt{3c^2+c^2}} = \dfrac{c}{\sqrt{4c^2}} = \dfrac{c}{2c} = \dfrac{1}{2}$

- $\cos 30° = \dfrac{\text{Cateto adyacente}}{\text{Hipotenusa}} = \dfrac{b}{a} = \dfrac{\sqrt{3}c}{\sqrt{b^2+c^2}} = \dfrac{\sqrt{3}c}{\sqrt{3c^2+c^2}} = \dfrac{\sqrt{3}c}{\sqrt{4c^2}} = \dfrac{\sqrt{3}c}{2c} = \dfrac{\sqrt{3}}{2}$

- $\tan 30° = \dfrac{\text{Cateto opuesto}}{\text{Cateto adyacente}} = \dfrac{c}{b} = \dfrac{c}{\sqrt{3}c} = \dfrac{1}{\sqrt{3}} = \dfrac{\sqrt{3}}{3}$

y las razones trigonométricas de un ángulo de 60° son:

- $\sin 60° = \dfrac{\text{Cateto opuesto}}{\text{Hipotenusa}} = \dfrac{b}{a} = \dfrac{\sqrt{3}c}{\sqrt{b^2+c^2}} = \dfrac{\sqrt{3}c}{\sqrt{3c^2+c^2}} = \dfrac{\sqrt{3}c}{\sqrt{4c^2}} = \dfrac{\sqrt{3}c}{2c} = \dfrac{\sqrt{3}}{2}$

- $\cos 60° = \dfrac{\text{Cateto adyacente}}{\text{Hipotenusa}} = \dfrac{c}{a} = \dfrac{c}{\sqrt{b^2+c^2}} = \dfrac{c}{\sqrt{3c^2+c^2}} = \dfrac{c}{\sqrt{4c^2}} = \dfrac{c}{2c} = \dfrac{1}{2}$

- $\tan 60° = \dfrac{\text{Cateto opuesto}}{\text{Cateto adyacente}} = \dfrac{b}{c} = \dfrac{\sqrt{3}c}{c} = \sqrt{3}$

Para hallar las razones trigonométricas de 45°, partimos de un triángulo rectángulo isósceles cuyos ángulos no rectos son de 45°, su hipotenusa vale a y sus catetos, b.

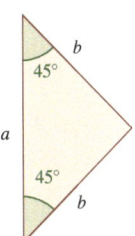

Aplicando el teorema de Pitágoras, vemos que $a^2 = b^2 + b^2 = 2b^2$, por lo que la hipotenusa a es igual a $b\sqrt{2}$.

De esta forma, las razones trigonométricas de un ángulo de 45° son:

- $\sin 45° = \dfrac{\text{Cateto opuesto}}{\text{Hipotenusa}} = \dfrac{b}{a} = \dfrac{b}{\sqrt{b^2+b^2}} = \dfrac{b}{\sqrt{2b^2}} = \dfrac{b}{\sqrt{2}b} = \dfrac{1}{\sqrt{2}} = \dfrac{\sqrt{2}}{2}$

- $\cos 45° = \dfrac{\text{Cateto adyacente}}{\text{Hipotenusa}} = \dfrac{b}{a} = \dfrac{b}{\sqrt{b^2+b^2}} = \dfrac{b}{\sqrt{2b^2}} = \dfrac{b}{\sqrt{2}b} = \dfrac{1}{\sqrt{2}} = \dfrac{\sqrt{2}}{2}$

- $\tan 45° = \dfrac{\text{Cateto opuesto}}{\text{Cateto adyacente}} = \dfrac{b}{b} = 1$

A modo de resumen,

Ángulo de 30°	Ángulo de 60°	Ángulo de 45°
cateto opuesto: c	cateto opuesto: b	cateto opuesto: b
cateto adyacente: b	cateto adyacente: c	cateto adyacente: b
$\sin 30° = \dfrac{c}{a} = \dfrac{c}{2c} = \dfrac{1}{2}$	$\sin 60° = \dfrac{b}{a} = \dfrac{c\sqrt{3}}{2c} = \dfrac{\sqrt{3}}{2}$	$\sin 45° = \dfrac{c}{a} = \dfrac{c}{c\sqrt{2}} = \dfrac{1}{\sqrt{2}} = \dfrac{\sqrt{2}}{2}$
$\cos 30° = \dfrac{b}{a} = \dfrac{c\sqrt{3}}{2c} = \dfrac{\sqrt{3}}{2}$	$\cos 60° = \dfrac{c}{a} = \dfrac{c}{2c} = \dfrac{1}{2}$	$\cos 45° = \dfrac{b}{a} = \dfrac{b}{b\sqrt{2}} = \dfrac{1}{\sqrt{2}} = \dfrac{\sqrt{2}}{2}$
$\tan 30° = \dfrac{c}{b} = \dfrac{c}{c\sqrt{3}} = \dfrac{1}{\sqrt{3}} = \dfrac{\sqrt{3}}{3}$	$\tan 60° = \dfrac{b}{c} = \dfrac{c\sqrt{3}}{c} = \sqrt{3}$	$\tan 45° = \dfrac{c}{c} = 1$

Ejercicios

12. Calcula estas razones trigonométricas:

    (a) $\csc 30° =$

    (b) $\csc 60° =$

    (c) $\csc 45° =$

    (d) $\sec 30° =$

    (e) $\sec 60° =$

    (f) $\sec 45° =$

    (g) $\cot 30° =$

    (h) $\cot 60° =$

    (i) $\cot 45° =$

13. ¿Cuánto mide un ángulo agudo, α, si se verifica que $\cos\alpha = \sin\alpha$? ¿Cómo serán los catetos de un triángulo rectángulo con dicho ángulo, α?

14. Halla el valor de las siguientes expresiones:

    (a) $\cos 30° + 2\sin 60° - \tan 60°$

    (b) $\sin 30° + \tan 45° + \cos 30°$

    (c) $1 - 2\tan 45° - \sin 60°$

    (d) $3\tan 30° + 2\sin 60° - \tan 60°$

    (e) $2\csc 30° - \cos 30° + \cot 30°$

    (f) $\cot 45° - \cos 60° + \sin 30°$

    (g) $(\cos 30°)^2 + \cos 60° - 2\cot 45°$

    (h) $(\sec 60°)^2 + (\csc 45°)^2 + (\tan 60°)^2$

15. Utiliza la calculadora para hallar las siguientes razones trigonométricas:

    (a) $\tan 56,25° =$

    (b) $\cos 35°20'42" =$

    (c) $\cos 85°23' =$

    (d) $\cos 64° =$

    (e) $\tan 18° =$

    (f) $\sin 18°35' =$

    (g) $\sin 37°12'47" =$

    (h) $\cos 21°15' =$

    (i) $\tan 12,3° =$

    (j) $\csc 58,23° =$

    (k) $\sec 8° =$

    (l) $\sin 15,21° =$

    (m) $\sec 25° =$

    (n) $\sec 28°15'06" =$

    (ñ) $\cot 37° =$

    (o) $\cot 32° =$

    (p) $\csc 58°20' =$

    (q) $\sec 85°30' =$

16. Indica en cada caso la medida del ángulo α:

    (a) $\cos\alpha = \frac{\sqrt{2}}{2}$

    (b) $\tan\alpha = 1$

    (c) $\tan\alpha = \sqrt{3}$

    (d) $\cos\alpha = \frac{\sqrt{3}}{2}$

    (e) $\sin\alpha = 0,5$

    (f) $\sin\alpha = \frac{1}{2}$

17. Utiliza la calculadora para hallar los siguientes pares de razones trigonométricas. En cada apartado indica cuál de las dos razones es mayor. A la vista de los resultados, escribe una conclusión.

    (a) $\sin 45°$ y $\cos 45°$

    (b) $\sin 50°$ y $\cos 50°$

    (c) $\sin 25°$ y $\cos 25°$

    (d) $\sin 80°$ y $\cos 80°$

    (e) $\sin 12°$ y $\cos 12°$

    (f) $\sin 30°$ y $\cos 30°$

18. Determina el valor de x en estas expresiones:

    (a) $\sin 30° = \cos x$

    (b) $\sec 30° = \csc x$

(c) $\cos x = \sin 60°$

(d) $\csc 30° = \sec x$

(e) $\tan 60° = \cot x$

(f) $\cot 60° = \tan x$

3   Relaciones trigonométricas

Las razones trigonométricas están relacionadas por medio de igualdades que constituyen identidades, es decir, son ciertas para cualquier ángulo.

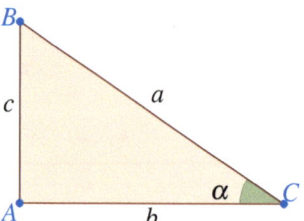

A continuación se exponen algunas de estas relaciones y sus demostraciones:

- La relación fundamental entre las razones trigonométricas es la siguiente: la suma del cuadrado del seno de un ángulo y del cuadrado del coseno del mismo ángulo es igual a 1.

$$(\sin \alpha)^2 + (\cos \alpha)^2 = \sin^2 \alpha + \cos^2 \alpha = 1$$

Veamos su demostración:

$$\sin^2 \alpha + \cos^2 \alpha = \left(\frac{c}{a}\right)^2 + \left(\frac{b}{a}\right)^2 = \frac{c^2}{a^2} + \frac{b^2}{a^2} = \frac{c^2 + b^2}{a^2} = \frac{a^2}{a^2} = 1$$

- La tangente de un ángulo es igual al cociente entre el seno y el coseno del mismo:

$$\tan \alpha = \frac{\sin \alpha}{\cos \alpha}$$

Veámoslo:

$$\frac{\sin \alpha}{\cos \alpha} = \frac{c}{a} : \frac{b}{a} = \frac{c}{a} \cdot \frac{a}{b} = \frac{c}{b} = \tan \alpha$$

- La secante al cuadrado de un ángulo es igual a la suma del cuadrado de la tangente del ángulo más 1:

$$\boxed{\sec^2 \alpha = \tan^2 \alpha + 1}$$

Para ver esta última igualdad, partimos de la relación fundamental de las razones trigonométricas:

$$\sin^2 \alpha + \cos^2 \alpha = 1$$

dividiendo ambos miembros por $\cos^2 \alpha$

$$\frac{\sin^2 \alpha}{\cos^2 \alpha} + \frac{\cos^2 \alpha}{\cos^2 \alpha} = \frac{1}{\cos^2 \alpha}$$

por último, sustituyendo $\frac{\sin^2 \alpha}{\cos^2 \alpha} = \tan^2 \alpha$ y $\frac{1}{\cos^2 \alpha} = \sec^2 \alpha$, tenemos que

$$\tan^2 \alpha + 1 = \sec^2 \alpha$$

3.1. Aplicaciones

Las identidades anteriores permiten calcular el resto de las razones a partir de una dada.

Ejercicio resuelto 3.1

Consideremos que α es un ángulo agudo tal que $\sin \alpha = \frac{1}{5}$, calcula $\cos \alpha$ y $\tan \alpha$.

Sus razones son positivas; por lo tanto, en este caso, cuando una razón sea igual a la raíz cuadrada de un número, se tomará la raíz positiva. A partir de la relación fundamental,

$$\left(\frac{1}{5}\right)^2 + \cos^2 \alpha = 1$$

de donde $\cos^2 \alpha = 1 - \frac{1}{25} = \frac{24}{25}$ y

$$\cos \alpha = \sqrt{\frac{24}{25}} = \frac{\sqrt{24}}{5}$$

Por último, para hallar la tangente usamos la equivalencia con el cociente entre el seno y el coseno:

$$\tan \alpha = \frac{1}{5} : \frac{\sqrt{24}}{5} = \frac{1}{\sqrt{24}} = \frac{\sqrt{24}}{24}$$

Ejercicio resuelto 3.2

Supongamos ahora que $\tan \alpha = 3$, siendo α un ángulo agudo, calcula $\sin \alpha$ y $\cos \alpha$.

Partimos de la relación entre la secante y la tangente:

$$\sec^2 \alpha = \tan^2 \alpha + 1 = 3^2 + 1 = 10$$

de donde $\sec\alpha = \sqrt{10}$. Como la secante es la razón inversa a la del coseno, se tiene que $\cos\alpha = \frac{1}{\sec\alpha} = \frac{1}{\sqrt{10}} = \frac{\sqrt{10}}{10}$. Por último, usamos la relación fundamental para calcular el seno de α:

$$\sin^2\alpha = 1 - \left(\frac{1}{\sqrt{10}}\right)^2 = 1 - \frac{1}{10} = \frac{9}{10}$$

por lo que, finalmente,

$$\sin\alpha = \sqrt{\frac{9}{10}} = \frac{3\sqrt{10}}{10}$$

Ejercicios

19. Halla en cada caso, $\sin\alpha$ o $\cos\alpha$, según proceda:

    (a) $\sin\alpha = 0,6$

    (b) $\cos\alpha = \frac{1}{3}$

    (c) $\sin\alpha = \frac{7}{10}$

    (d) $\cos\alpha = \frac{3}{5}$

    (e) $\sin\alpha = \frac{2}{5}$

    (f) $\cos\alpha = 0,9$

20. Halla en cada caso el valor exacto de $\tan\alpha$:

    (a) $\sin\alpha = \frac{1}{5}$ y $\cos\alpha = \frac{2\sqrt{6}}{5}$.

    (b) $\sin\alpha = \frac{2}{3}$ y $\cos\alpha = \frac{\sqrt{5}}{3}$.

    (c) $\sin\alpha = 0,6$ y $\cos\alpha = 0,8$.

    (d) $\sin\alpha = \frac{\sqrt{13}}{7}$ y $\cos\alpha = \frac{6}{7}$.

21. ¿Puedes hallar el resto de las razones trigonométricas de un ángulo agudo, α, conociendo solo $\sin \alpha$? ¿Y conociendo $\cot \alpha$? ¿Ocurre esto con cualquier razón trigonométrica? Indica cómo lo harías.

22. Obtén una relación trigonométrica entre la cosecante y la cotangente, dividiendo los dos miembros de la relación fundamental entre $\sin^2 \alpha$.

23. Calcula el valor exacto de las razones indicadas:

    (a) $\sin \alpha$, si $\cos \alpha = \frac{2}{5}$

    (b) $\tan \alpha$, si $\sin \alpha = \frac{1}{8}$

    (c) $\sec \alpha$, si $\sin \alpha = \frac{\sqrt{3}}{5}$

    (d) $\cos \alpha$, si $\cot \alpha = \frac{5}{3}$

    (e) $\sec \alpha$, si $\tan \alpha = \frac{5}{6}$

    (f) $\csc \alpha$, si $\cos \alpha = \frac{1}{4}$

24. En cada apartado, calcula el resto de las razones trigonométricas del ángulo agudo α. Si es necesario, redondea el resultado a las diezmilésimas.

    (a) $\cos \alpha = \frac{2}{3}$

    (b) $\cot \alpha = \frac{11}{5}$

(c) $\csc\alpha = 1,5$

(d) $\tan\alpha = 2$

(e) $\sin\alpha = 0,7$

(f) $\sec\alpha = 3,2$

(g) $\sin\alpha = \frac{3}{4}$

(h) $\cos\alpha = 0,7$

(i) $\tan\alpha = \frac{2}{7}$

(j) $\sec\alpha = 5,2$

(k) $\csc\alpha = \frac{5}{2}$

(l) $\cot\alpha = 3,6$

25. Halla el resto de las razones trigonométricas de α. Redondea los resultados a las diezmilésimas.

(a) $\sin \alpha = \frac{\sqrt{2}}{2}$

(b) $\cos \alpha = 0,8$

(c) $\tan \alpha = \frac{2}{3}$

(d) $\sin \alpha = 0,3$

(e) $\cot \alpha = 0,6$

(f) $\sec \alpha = 8$

(g) $\cot \alpha = \frac{7}{2}$

(h) $\csc \alpha = \frac{5}{2}$

(i) $\tan \alpha = 0,9$

(j) $\tan \alpha = \frac{3}{10}$

(k) $\tan\alpha = 2$

(l) $\tan\alpha = \sqrt{7}$

(m) $\cot\alpha = 2$

(n) $\csc\alpha = \sqrt{\frac{3}{2}}$

(ñ) $\cot\alpha = \frac{1}{10}$

(o) $\csc\alpha = 5$

(p) $\cot\alpha = \sqrt{\frac{1}{5}}$

(q) $\csc\alpha = \frac{5}{4}$

(r) $\sec\alpha = \frac{3}{2}$

(s) $\sec\alpha = \sqrt{2}$

26. Halla y redondea el resultado a las diezmilésimas:

    (a) $\cos 25°$ y $\tan 25°$, si $\sin 25° = 0,4226$

    (b) $\csc 52°$ y $\tan 52°$, si $\cos 52° = 0,6156$

    (c) $\sin 80°$ y $\cos 80°$, si $\cot 80° = 0,1763$

    (d) $\sec 38°$ y $\cos 38°$, si $\tan 38° = 0,78$

27. Sustituye cada razón por su valor exacto y comprueba que:

    (a) $\sin^2 0° + \cos^2 0° = 1$

    (b) $\sin^2 30° + \cos^2 30° = 1$

    (c) $\sin^2 60° + \cos^2 60° = 1$

    (d) $\sin^2 45° + \cos^2 45° = 1$

28. Calcula el seno y la tangente de un ángulo agudo sabiendo que su coseno tiene los siguientes valores.

    (a) $0,127$

    (b) $0,5$

(c) $0,2588$ | (d) $0,9135$

29. Calcula el coseno y la tangente de un ángulo agudo sabiendo que su seno tiene los siguientes valores.

   (a) $\frac{1}{6}$ | (c) $\frac{\sqrt{7}}{5}$

   (b) $\frac{3}{4}$ | (d) $\frac{\sqrt{3}}{2}$

30. Calcula el seno y el coseno de un ángulo agudo sabiendo que su tangente tiene los siguientes valores.

   (a) $1,53$ | (b) $6,45$ | (c) $0,87$

31. ¿Puedes calcular todas las razones trigonométricas de un ángulo, α, sabiendo que $\sin\alpha = 0,3$?

32. La tangente de un ángulo agudo vale $\frac{3}{2}$. Calcula el seno y el coseno de ese mismo ángulo y expresa los resultados mediante fracciones y radicales.

33. El seno de un ángulo agudo vale $\frac{28}{53}$. Calcula el coseno y la tangente de ese mismo ángulo.

34. La tangente de un ángulo agudo vale $\frac{1}{5}$. Calcula el seno y el coseno de ese mismo ángulo. Da los resultados en forma de expresiones radicales.

4 Aplicaciones de la trigonometría

4.1. Resolución de triángulos rectángulos

Resolver un triángulo rectángulo es calcular la medida de sus lados y sus ángulos desconocidos. Puesto que ya conocemos el ángulo recto, solo necesitamos otros dos datos. Según los datos, se pueden plantear dos casos que veremos en los siguientes ejemplos:

- **Medida de dos lados.** En este caso, calcularemos el tercer lado mediante el Teorema de Pitágoras. Una vez tenemos los tres lados, obtenemos las razones trigonométricas a partir de su definición.

> **Ejercicio resuelto 4.1**
>
> *Resuelve el siguiente triángulo:*
>
>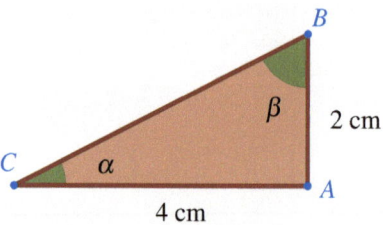
>
> Para hallar el lado faltante, aplicamos el teorema de Pitágoras:
>
> $$\overline{AB}^2 = 4^2 + 2^2 = 20$$
>
> de donde $\overline{AB} = \sqrt{20} \approx 4,47$ cm. Una vez sabemos las longitudes de todos los lados, basta aplicar la definición de las razones trigonométricas:
>
> - $\tan \alpha = \frac{4}{5} = 0,5$, por tanto $\alpha = 26,57° \approx 26°33'54,18"$
> - $\tan \beta = \frac{4}{2} = 2$, de donde $\beta = 63,43° \approx 63°26'5,82"$
>
> También se puede observar que, una vez obtenido uno de los ángulos, aprovechando que ya sabemos que hay un ángulo recto se puede obtener el otro a partir de la relación $\beta = 90° - \alpha$.

Si se conociera la medida de un cateto y de la hipotenusa, en lugar de utilizar la tangente se emplearían el seno y el coseno.

- En el caso de tener como datos la medida de un lado y un ángulo. En este caso, el tercer ángulo se obtiene a partir de la propiedad de que la suma de los ángulos de un triángulo es 180°. Los otros lados se obtienen combinando las definiciones de las razones trigonométricas de los ángulos con el lado conocido.

Ejercicio resuelto 4.2

Resuelve siguiente triángulo, del que conocemos que $\widehat{C} = 35°$ y que $\overline{AC} = 3$ cm.

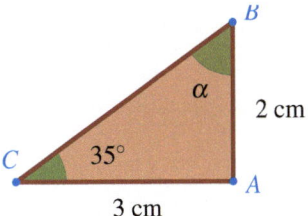

Obtenemos el ángulo α a partir de la suma de los ángulos del triángulo:

$$\alpha + 35° = 90°$$

de donde obtenemos que $\alpha = 55°$. Utilizamos el coseno y la tangente de $35°$ que son las razones trigonométricas que hacen uso del cateto adyacente, que es el que conocemos:

- $\cos 35° = \frac{3}{\overline{BC}}$, de donde $\overline{BC} = \frac{3}{\cos 35°} \approx 3,66$ cm.

- $\tan 35° = \frac{\overline{AB}}{3}$, de donde $\overline{AB} = 3\tan 35° \approx 2,10$ cm.

Cuando se resuelve un triángulo, es aconsejable hacer los cálculos con los datos del problema y no con datos calculados. Aclaremos esto con el siguiente ejemplo:

Ejercicio resuelto 4.3

Resuelve el siguiente triángulo rectángulo del que conocemos un ángulo y un lado.

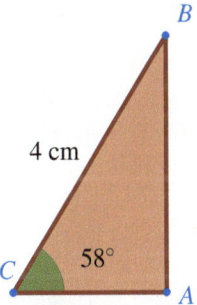

Para calcular el lado $\overline{CA}$ usamos el coseno del ángulo conocido:

$$\cos 58° = \frac{CA}{4}$$

de donde $\overline{CA} = 4\cos 58° \approx 2,12$ cm. Calculado el lado $\overline{CA}$, el lado $\overline{AB}$ se puede hallar de dos formas:

- Utilizando el teorema de Pitágoras:

$$4^2 = 2,12^2 + \overline{AB}^2$$

de donde $\overline{AB} = 3,39$ cm.

- Utilizando el seno de 58°:

$$\sin 58° = \frac{AB}{4}$$

y, despejando, $\overline{AB} = 4\sin 58° = 3{,}39$ cm.

Es aconsejable usar la segunda forma, ya que la primera utiliza el valor calculado de $\overline{CA}$ para hallar el valor de $\overline{AB}$, y esto puede plantear los siguientes problemas:

- Si ha habido un error en el cálculo de $\overline{CA}$, ese error persistirá al hallar $\overline{AB}$.

- El valor calculado de $\overline{CA}$ es aproximado, por lo que el error de aproximación se acumula en el cálculo de $\overline{AB}$.

4.2. Cálculo de longitudes y áreas de figuras planas

La resolución de triángulos rectángulos permite calcular longitudes desconocidas de figuras planas.

El método consiste en encontrar un triángulo rectángulo en la figura de manera que dos de sus lados sean conocidos y que el tercero coincida con la longitud que se quiere calcular.

Por ejemplo, como cualquier polígono regular tiene tantos ángulos centrales como lados, para calcular la medida de uno de los ángulos centrales, se divide 360° entre el número de lados.

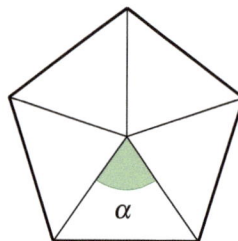

$$\alpha = \frac{360°}{n}$$

Por otra parte, la apotema, el radio y la mitad del lado del polígono forman un triángulo rectángulo:

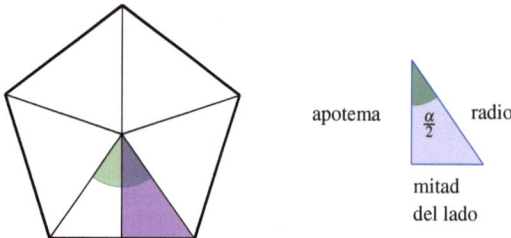

De este modo, si se conoce la longitud del lado, se puede calcular cuánto miden el apotema y el radio resolviendo el triángulo rectángulo.

Ejercicio resuelto 4.4

Hallar el apotema, el radio y el área de un pentágono regular de 4 cm de lado.

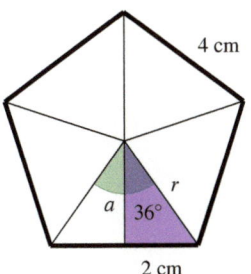

Al tratarse de un polígono regular, el ángulo central es $360° : 5 = 72°$. Por tanto, el ángulo que forman la apotema, a, y el radio, r, mide $36°$. Con estos datos obtenemos el valor del apotema y del radio:

- $\tan 36° = \frac{2}{a}$, de donde $a = \frac{2}{\tan 36°} \approx 2'75$ cm.

- $\sin 36° = \frac{2}{r}$, de donde $r = \frac{2}{\sin 36°} \approx 3'40$ cm.

El apotema mide 2,75 cm, y el lado, 4 cm. El área vale, pues:

$$A = \frac{n \cdot l \cdot a}{2} = \frac{5 \cdot 4 \cdot 2,75}{2} = 27,5 \text{cm}^2$$

Ejercicios

35. Sean $\widehat{A}$, $\widehat{B}$ y $\widehat{C}$ los ángulos de un triángulo rectángulo, y a, b y c, sus lados opuestos, respectivamente. Resuelve los siguientes triángulos:

    (a) $\widehat{A} = 90°$, $b = 5,5$ cm, $c = 4,2$ cm.

    (b) $\widehat{B} = 90°$, $b = 8,7$ cm, $c = 2,3$ cm.

    (c) $\widehat{A} = 90°$, $a = 14$ cm, $b = 6$ cm.

    (d) $\widehat{A} = 90°$, $\widehat{B} = 36°$, $c = 10,4$ cm.

    (e) $\widehat{C} = 90°$, $\widehat{B} = 15,7°$, $c = 6,78$ cm.

36. Resuelve los siguientes triángulos rectángulos ($\widehat{A} = 90°$):

(a) $b = 1,6$ cm, $c = 1,2$ cm.

(b) $a = 1$ cm, $c = 0,6$ cm.

(c) $b = 3$ cm, $\widehat{C} = 20°$

(d) $a = 4,5$ cm, $\widehat{C} = 75°$

(e) $\widehat{B} = 36°27'$, $b = 2,4$ cm.

(f) $\widehat{B} = 62°12'$, $a = 3,5$ cm.

(g) $\widehat{B} = 55°$, $c = 1,5$ cm.

(h) $\widehat{B} = 68°$, $b = 1,8$ cm.

(i) $\widehat{C} = 47°$, $a = 2$ cm.

(j) $\widehat{B} = 25°$, $b = 1,1$ cm.

(k) $b = 2,5$ cm, $c = 1$ cm.

(l) $a = 2,4$ cm, $c = 1,6$ cm.

37. La altura de un rectángulo mide 9 cm, y su diagonal, 14 cm. Halla el ángulo que forma la diagonal con la base.

38. Calcula los ángulos de un rombo si sus diagonales miden 20 cm y 16 cm.

39. Los ángulos iguales de un triángulo isósceles miden 40°, y los lados iguales, 18 cm. Resuelve el triángulo y calcula su área.

40. Calcula la longitud del paralelo de latitud 34°. (Ayuda: el radio de la Tierra mide 6366 km.)

41. Resuelve los siguientes triángulos isósceles:

(a)

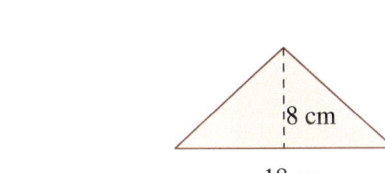

(b)

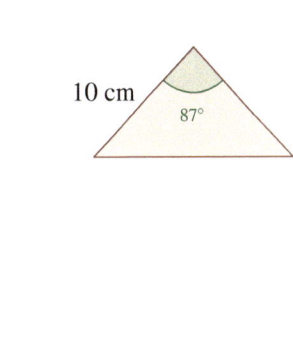

(c)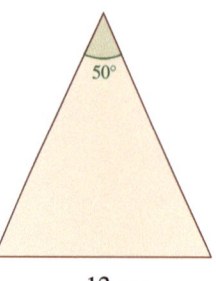
12 cm

42. Resuelve los triángulos, $\widehat{ABC}$, donde $\widehat{C}$ es recto:

(a) $c = 8$ cm, $b = 4$ cm

(c) $a = 7$ cm, $b = 3,2$ cm

(b) $\widehat{A} = 70°$, $c = 4,6$ cm

(d) $\widehat{A} = 45°$, $b = 2,5$ cm

43. Calcula la medida de los catetos de un triángulo rectángulo isósceles si la hipotenusa mide 10 centímetros.

44. Explica razonadamente si existen triángulos rectángulos en los que los senos de los ángulos agudos coincidan con la medida de los lados opuestos.

45. Expresa la altura y el área de un triángulo equilátero en función del lado l.

    (a) Utilizando únicamente el teorema de Pitágoras.

    (b) Utilizando únicamente trigonometría.

46. Un ángulo central en una circunferencia mide $56°$ y la cuerda correspondiente abarca 4 cm. Calcula la longitud de la circunferencia.

47. El lado de un rombo mide 5 cm y el menor de sus ángulos interiores mide $36°$. Calcula el área del rombo.

48. La altura de una pirámide regular de base cuadrada mide 6 cm y forma un ángulo de 43° con la arista lateral. Calcula su área y su volumen.

49. La altura y la generatriz de un cono forman un ángulo de 65°. Sabiendo que el radio de la base del cono mide 3 cm, halla el área y el volumen.

50. La base menor de un trapecio isósceles mide 4 cm, y su altura, 6 cm. Si el ángulo que forman cada uno de los lados iguales con la base mayor mide 40°, halla el perímetro y el área del trapecio.

51. Indica si se puede resolver un triángulo rectángulo con los siguientes datos:

    (a) Un ángulo agudo.

    (b) Los dos catetos.

    (c) La hipotenusa.

    (d) Dos ángulos agudos.

52. Calcula:

   (a) El apotema de un octógono cuyo lado mide 5 cm.

   (b) El perímetro y el área de un decágono inscrito en una circunferencia de 8 cm de radio.

   (c) El radio de una circunferencia inscrita en un pentágono de 12 cm de lado.

53. Calcula el lado, la apotema y el radio, según convenga, de los siguientes polígonos:

   (a) Un pentágono regular cuyo lado mide 10 cm.

   (b) Un decágono regular cuya apotema mide 5 cm.

(c) Un dodecágono regular cuyo radio mide 12 cm.

54. Calcula el perímetro y el área de un pentágono regular inscrito en una circunferencia de 30 cm de radio.

55. Un pentágono regular está inscrito en una circunferencia de radio 3 cm. Calcula la medida de:

   (a) El lado del pentágono.

   (b) La diagonal del pentágono.

   (c) El ángulo que forman las dos diagonales que parten del mismo vértice.

56. Uno de los ángulos que forman las dos diagonales de un paralelogramo mide 50°. Si las diagonales miden 5 cm y 7 cm cada una, calcula el perímetro y el área del paralelogramo.

57. Calcula el volumen del vaso cilíndrico que muestra la figura:

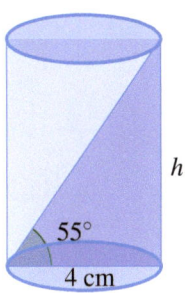

58. En una campaña de donación de sangre se instala un equipo médico de extracción en un recinto con forma de pirámide cuadrangular tal y como se indica en la figura. Calcula su volumen.

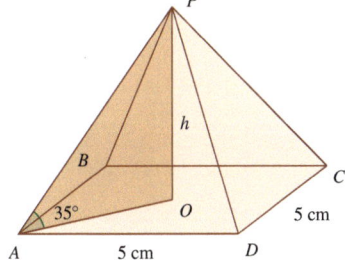

59. Calcula el volumen de los siguientes cuerpos geométricos

(a)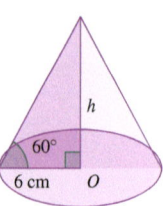

(b)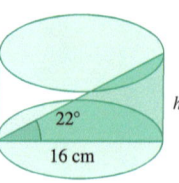

60. Calcula el área del cilindro y el cono de la actividad anterior.

61. Calcula la apotema y el lado de un octógono regular inscrito en una circunferencia de 10 cm de radio.

62. Expresa el volumen de un tetraedro regular en función de su lado a.

63. La figura muestra un prisma con base un pentágono regular. Calcula:

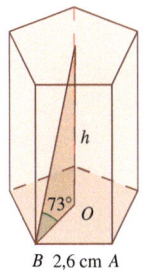

(a) Su área lateral.

(b) Su área total.

(c) Su volumen.

64. Calcula el volumen de la pirámide de la figura, que tiene como base un heptágono regular de 3 m de lado.

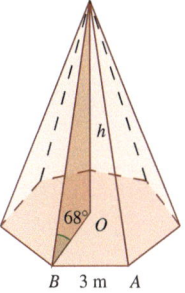

65. En la pirámide cuadrangular de Keops, el lado de la base mide 230 metros, y el ángulo que forma una cara con la base es de 55°. Calcula:

   (a) La altura de la pirámide.

   (b) El volumen de la pirámide.

   (c) La superficie de cada una de las caras triangulares de la pirámide.

66. El tablero de un juego de mesa tiene forma de octógono regular de 30 centímetros de lado. Calcula su área.

67. Comprueba que en un hexágono regular, el radio de la circunferencia circunscrita coincide con la longitud del lado.

68. Considera un pentágono regular de 10 centrímetros de lado.

   (a) Calcula la medida del radio de la circunferencia inscrita al pentágono.

(b) ¿Cuánto mide el radio de la circunferencia circunscrita?

(c) Calcula el área del pentágono.

5 Mediciones indirectas.

La trigonometría se puede aplicar al cálculo de alturas, distancias o ángulos que no se pueden medir directamente.

En algunas situaciones, para hallar una longitud, es necesario medir previamente un par de ángulos. Para ello, se utiliza un aparato llamado teodolito. Como seguramente no dispondrás de él, te indicamos a continuación cómo construir un instrumento que tiene la misma utilidad, el cuadrante:

1. En un cartón grueso se dibuja la cuarta parte de un círculo.

2. Lo más cerca posible del vértice del ángulo recto se hace un agujero y se ata un hilo del que se suspende un peso (plomada).

3. Se coloca el cartón verticalmente de manera que el hilo cuelgue en paralelo y se marca con 0° el punto de la circunferencia por el que pasa el hilo. A partir de este punto se gradúa el cuarto de círculo.

4. En la parte superior del cartón se pega un tubo que hará de visor.

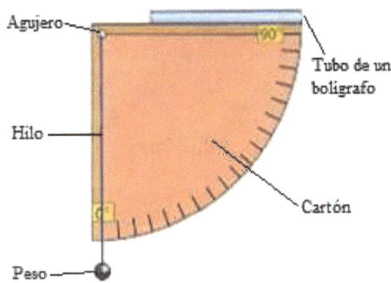

Para medir con este instrumento el ángulo que forma la visual al punto más alto de un objeto con la horizontal, se procede como ves en el dibujo:

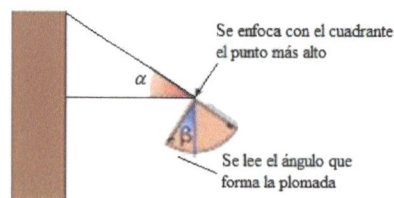

Los ángulos α y β son iguales, ya que están comprendidos entre perpendiculares. Por lo tanto, el ángulo buscado es el que marca la plomada en el cuadrante.

Para calcular la altura de un objeto que no se puede medir directamente y cuya base no es accesible, se procede de la siguiente manera:

1. Se miden, por el procedimiento anterior, los ángulos, α y β, que forman las visuales desde dos puntos, A y B, con el punto más alto del objeto.

2. Se mide la distancia entre los puntos A y B. Ten en cuenta que A, B y el objeto deben estar alineados.

3. En la figura puedes observar cómo es posible considerar dos triángulos rectángulos cuya altura, h, que se desconoce, es un lado común.

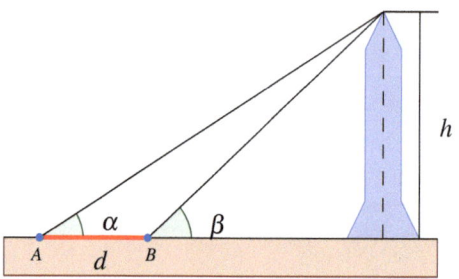

El procedimiento descrito para medir la altura de un objeto es el adecuado cuando no se puede medir la distancia entre la base del objeto y el lugar de observación. En el caso de que sí se pueda, el problema es más sencillo, como se muestra en el siguiente ejemplo:

Ejercicio resuelto 5.1

Consideremos la siguiente situación, en el que el ángulo de elevación es 38,8° y que la distancia del punto de observación A, a la base del objeto es de 5 m. Halla la altura del objeto.

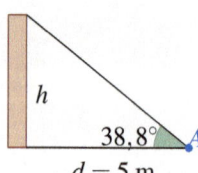

En este caso, la altura del objeto se calcula usando la tangente:

$$\tan 38,8° = \frac{h}{5}$$

y, despejando $h = 5 \tan 38,8° = 4,02$ m.

En el siguiente ejemplo se puede ver cómo se puede calcular h.

Ejercicio resuelto 5.2

Desde dos puntos, A y B, que se encuentran a ras del suelo y que distan entre sí 200 m dos observadores pueden ver la cima de un monte cuya base está alineada con los puntos A y B. Si los ángulos de elevación de las dos visuales son $67°$ y $81°$, ¿a qué altura está la cima del monte?

La situación descrita se representa en el dibujo:

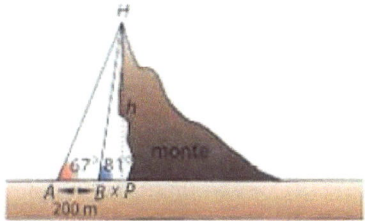

Los triángulos $\widehat{BHP}$ y $\widehat{AHP}$ son rectángulos; por lo tanto, podemos plantear el siguiente sistema:

$$\begin{cases} \tan 81° = \frac{h}{x} \\ \tan 67° = \frac{h}{200+x} \end{cases}$$

Procedemos por sustitución, despejando la variable h de la primera ecuación, $h = x\tan 81°$ y sustituyendo en la segunda:

$$\tan 67° = \frac{x\tan 81°}{200+x}$$

Despejamos la incógnita, x, de esta ecuación y obtenemos que

$$x = \frac{200\tan 67°}{\tan 81° + \tan 67°} \approx 119 \text{m}$$

Sustituyendo el valor de x en la primera ecuación, se calcula la altura $h = 119 \cdot \tan 81° \approx 751,34$ m.

Ejercicio resuelto 5.3

Dos personas que están a 300 metros una de la otra observan un globo aerostático que vuela entre ellas bajo un ángulo de $72°$ y $58°$, respectivamente. Calcula la altura a la que vuela el globo.

Si los dos puntos de observación están situados como se indica en este dibujo, el procedimiento de resolución es similar:

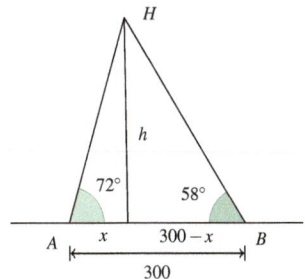

Los triangulos $\widehat{AHP}$ y $\widehat{BHP}$ son rectángulos:

$$\begin{cases} \tan 72° = \frac{h}{x} \\ \tan 58° = \frac{h}{300-x} \end{cases}$$

Resolviendo el sistema se obtiene la altura, h, del objeto: $h = 315,86$ m.

Ejercicios

69. Una rampa salva un desnivel de 1,5 m en un desplazamiento horizontal de 8 m. Calcula la longitud de la rampa y su ángulo de elevación.

70. Una rampa de 1,9 m salva un desnivel de 50 cm. Calcula el ángulo de inclinación de la rampa.

71. Desde lo alto de un acantilado de 350 m se divisa un barco con un ángulo de depresión de 12° (ángulo que forma la visual desde el acantilado al barco con la horizontal). Transcurridos 5 min, el mismo barco se divisa con un ángulo de 19°. Halla la velocidad del barco.

72. Una torre se alza entre dos personas que están a 22 m de distancia la una de la otra. Si se encuentran alineadas con la base de la torre y observan su extremo superior a ras del suelo y con un ángulo de elevación de 56° y 51°, respectivamente, ¿cuánto mide la torre?

73. Indica si es verdadero o falso:

    (a) Para medir la altura de un objeto solo es necesario el ángulo de elevación de la visual.

    (b) Sabiendo la altura de un objeto se puede hallar, con la ayuda de un cuadrante, la distancia a la base.

74. Una persona situada a 40 m de la base de una antena observa el punto más alto con un ángulo de elevación de 26°. Calcula la altura de la antena.

75. Desde un barco se ve la luz de un faro con un ángulo de elevación de 24° (ángulo que forma la visual desde el barco a la luz del faro con la horizontal). Si la luz está a una altura de 80 m sobre el nivel del mar, ¿a qué distancia está el barco?

76. Un árbol crece en la orilla de un río. Desde la otra orilla se ve el extremo superior del árbol con un ángulo de elevación de 32°. Retrocediendo 15 m, el extremo se ve con un ángulo de 25°, de manera que el pie del árbol y los dos puntos de observación están alineados. Calcula la altura del árbol y la anchura del río.

77. Halla el ángulo de inclinación de los rayos solares respecto a la horizontal para que una antena de 10,7 m de altura proyecte una sombra de 3,6 m.

78. Un observador mira el punto más alto de una torre de 320 m de altura, con un ángulo de elevación de 68°. ¿A qué distancia se encuentra del pie de la torre?

79. Desde un punto de observación, Ezequiel observa la cima de una montaña con un ángulo de elevación de 42°. Si retrocede 202 m, el ángulo de elevación de la visual es de 30°. Calcula la altura de la montaña.

80. A 4,6 m del pie de un abeto, Felipe, de 1,7 m de altura, divisa el extremo superior del árbol con un ángulo de elevación de 60°. Calcula la altura del abeto.

81. Desde un acantilado se ve un barco que se aproxima a la costa con un ángulo de depresión de 5°. Cuando el barco ha recorrido 350 m, el ángulo de depresión de la visual es de 7°. Calcula la altura del acantilado.

82. Diego, que está situado al oeste de una emisora de radio, observa que su ángulo de elevación es de 45°. Camina 50 metros hacia el sur y comprueba que el ángulo de elevación es ahora de 30°. Calcula la altura de la antena.

83. Cuando los rayos solares tienen una inclinación de 25° sobre la horizontal, la sombra de un árbol mide 3,6 metros. ¿Cuál es la altura del árbol?

84. Desde una cierta distancia se ve un edificio con un ángulo de 68°. ¿Con qué ángulo se verá el mismo edificio si nos alejamos de manera que estemos al doble de distancia?

85. Una escalera está apoyada sobre la pared formando un ángulo sobre la horizontal de 47°. Si la apoyamos un metro más cerca de la pared, el ángulo que forma con la horizontal es de 64°. ¿Cuál es la longitud de la escalera?

86. Dos personas, Laura y Jesús, separadas por una distancia de 100 km, observan un avión que está a 50 km de la primera y a 120 km de la segunda. Calcula el ángulo de elevación con el que cada una de las personas observa el avión.

6 Teorema del seno

Sea $\widehat{ABC}$ un triángulo cualquiera, y h, la altura correspondiente a uno de sus vértices, por ejemplo el A.

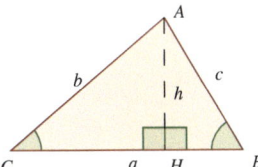

Observa que los triángulos $\widehat{ACH}$ y $\widehat{AHB}$ son rectángulos; por lo tanto:

$$\begin{cases} \sin\widehat{C} = \frac{h}{b} & \text{de donde } h = b\sin\widehat{C} \\ \sin\widehat{B} = \frac{h}{c} & \text{de donde } h = c\sin\widehat{B} \end{cases}$$

igualando ambas expresiones tenemos que $b\sin\widehat{C} = c\sin\widehat{B}$ y de aquí, $\dfrac{b}{\sin\widehat{B}} = \dfrac{c}{\sin\widehat{C}}$.

Consideramos ahora la altura correspondiente a otro vértice, por ejemplo el $\widehat{B}$.

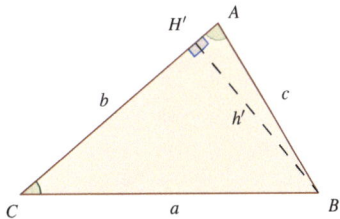

De nuevo resultan dos triángulos rectángulos, el $\widehat{BH'A}$ y el $\widehat{BCH'}$:

$$\begin{cases} \sin\widehat{C} = \frac{h'}{a} & \text{de donde } h' = a\sin\widehat{C} \\ \sin\widehat{A} = \frac{h'}{c} & \text{de donde } h' = c\sin\widehat{A} \end{cases}$$

igualando ambas expresiones tenemos que $a\sin\widehat{C} = c\sin\widehat{A}$ y de aquí, $\dfrac{a}{\sin\widehat{A}} = \dfrac{c}{\sin\widehat{C}}$.

Comparando los resultados, se obtiene el teorema del seno:

Teorema del seno. En cualquier triángulo, $\widehat{ABC}$, se cumple que:

$$\boxed{\dfrac{a}{\sin\widehat{A}} = \dfrac{b}{\sin\widehat{B}} = \dfrac{c}{\sin\widehat{C}}}$$

6.1. Aplicación del teorema del seno a la resolución de triángulos.

El teorema del seno es utilizado para resolver problemas en los que el triángulo implicado no es necesariamente rectángulo. Concretamente vamos a resolver dos casos: aquél en el que se conocen dos ángulos del triángulo y un lado opuesto a uno de ellos y también cuando conocemos dos lados del triángulo y un ángulo opuesto a uno de ellos.

Sea $\widehat{ABC}$ un triángulo cualquiera del que se conocen:

- Dos ángulos y el lado común. En este caso, siempre existe solución y es única. Obtenemos el tercer ángulo despejando de la expresión que da la suma de los ángulos de un triángulo. Los otros lados los obtenemos usando el teorema del seno. Por ejemplo:

Ejercicio resuelto 6.1

Resuelve un triángulo suponiendo que conocemos los siguientes datos: $\widehat{B}=48°$, $\widehat{C}=105°$, $a=2\ cm$.

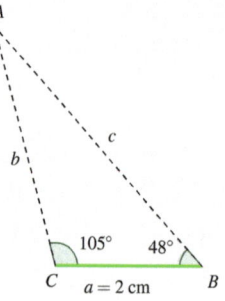

1. Se calcula el tercer ángulo:

$$\widehat{A}=180°-\widehat{B}-\widehat{C}=180°-48°-105°=27°$$

2. Se aplica el teorema del seno:

Para calcular b:

$$\frac{a}{\sin\widehat{A}}=\frac{b}{\sin\widehat{B}}$$

$$\frac{2}{\sin 27°}=\frac{b}{\sin 48°}$$

$$b=2\frac{\sin 48°}{\sin 27°}\approx 3,27\ cm$$

Para calcular c:

$$\frac{a}{\sin\widehat{A}}=\frac{c}{\sin\widehat{C}}$$

$$\frac{2}{\sin 27°}=\frac{c}{\sin 105°}$$

$$c=2\frac{\sin 105°}{\sin 27°}\approx 4,26\ cm$$

- Dos lados y el ángulo opuesto a uno de ellos. En este caso es posible que la solución sea única, doble o imposible. En la resolución averiguamos un segundo ángulo mediante el teorema del seno y a partir de éste el tercero. Por último, el último de los lados también se halla mediante el teorema del seno.

El siguiente es un ejemplo en el que la solución es única:

Ejercicio resuelto 6.2

Resuelve un triángulo del que sabemos que $a=2\ cm$, $b=3\ cm$, $\widehat{B}=80°$.

1. Para calcular el ángulo $\widehat{A}$, se aplica el teorema del seno:

$$\frac{a}{\sin\widehat{A}}=\frac{b}{\sin\widehat{B}}\quad\text{sustituyendo}\quad\frac{2}{\sin\widehat{A}}=\frac{3}{\sin 80°}$$

de donde $\sin\widehat{A}=\frac{2\sin 80°}{3}\approx 0,6565$. Si en esta expresión se obtiene un número mayor que 1, el problema no tiene solución. En este caso es menor que 1 y, por lo tanto, hay dos posibles valores de $\widehat{A}$, un ángulo agudo y su suplementario: $\widehat{A} = 41°2'11"$ y $\widehat{A} = 138°57'49"$.

Ahora hay que comprobar si las dos soluciones son válidas:

- Si $\widehat{A} = 41°2'11"$, entonces $\widehat{A} + \widehat{B} = 121°2'11" < 180°$.
- Si $\widehat{A} = 138°57'49"$, entonces $\widehat{A} + \widehat{B} = 218°57'49" > 180°$.

Este último caso es imposible; por lo tanto, en este caso hay una única solución: $\widehat{A} = 41°2'11"$.

2. Se calcula el ángulo $\widehat{C}$: $\widehat{C} = 180° - 80° - 41°2'11" = 58°57'49"$.

3. Se aplica el teorema del seno para calcular el lado c:

$$\frac{b}{\sin \widehat{B}} = \frac{c}{\sin \widehat{C}} \text{ sustituyendo } \frac{3}{\sin 80°} = \frac{c}{\sin 58°57'49"}$$

de donde $c \approx 2,61$ cm.

Ejercicio resuelto 6.3

Resuelve un triángulo del que conocemos los siguientes datos: $a = 2$ cm, $c = 3$ cm, $\widehat{A} = 30°$.

Observemos en la figura que hay dos triángulos que cumplen los datos indicados:

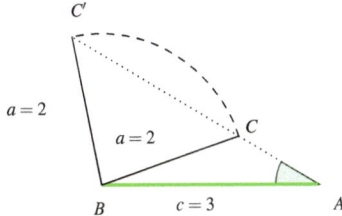

Aplicando el teorema del seno se obtiene que $\sin \widehat{C} = 0,75$ que produce las siguientes soluciones:

- $\widehat{C} = 48°35'25"$
- $\widehat{C} = 131°24'35"$

Ambas soluciones son válidas, ya que al sumar cada una de ellas con el ángulo $\widehat{A}$, el resultado es menor que 180°.

- En el caso de que $\widehat{C} = 48°35'25"$, $\widehat{B} = 180° - 48°35'25" - 30° = 101°24'35"$. Aplicamos el teorema del seno para calcular el lado b:

$$\frac{a}{\sin \widehat{A}} = \frac{b}{\sin \widehat{B}} \text{ sustituyendo } \frac{2}{\sin 30°} = \frac{b}{\sin 101°24'35"}$$

de donde $b = \dfrac{2 \sin 101°24'35"}{\sin 30°} \approx 3,92$ cm.

- En el caso de que $\widehat{C} = 131°24'35"$, $\widehat{B} = 180° - 131°24'35" - 30° = 18°35'25"$. Aplicamos el teorema del seno para calcular el lado b:

$$\frac{a}{\sin \widehat{A}} = \frac{b}{\sin \widehat{B}} \text{ sustituyendo } \frac{2}{\sin 30°} = \frac{b}{\sin 18°35'25"}$$

de donde $b = \dfrac{2\sin 18°35'25''}{\sin 30°} \approx 1,28$ cm.

Ejercicios

87. Resuelve los siguientes triángulos:

(a) $\widehat{C} = 120°12'$, $a = 12,6$ cm, $\widehat{B} = 32°$.

(b) $\widehat{A} = 97°$, $a = 14$ cm, $b = 10$ cm.

(c) $\widehat{A} = 36°$, $b = 12$ cm, $a = 17$ cm.

(d) $\widehat{C} = 53°$, $b = 18$ cm, $c = 20$ cm.

(e) $c = 7$ cm, $a = 12$ cm, $\widehat{A} = 40°$.

(f) $\widehat{C} = 60°$, $c = 37$ cm, $b = 25$ cm.

(g) $\widehat{B} = 49°50'30''$, $b = 7$ cm, $a = 6,2$ cm.

(h) $\widehat{A} = 25°$, $\widehat{B} = 37°$, $c = 8$ cm.

(i) $\widehat{A} = 30°, \widehat{B} = 110°, \widehat{C} = 40°$.

(j) $a = 10$ cm, $c = 52$ cm, $\widehat{C} = 65°$.

(k) $a = 30$ cm, $\widehat{B} = 45°, \widehat{C} = 56°$.

(l) $b = 87$ cm, $\widehat{A} = 105°, \widehat{B} = 21°$.

(m) $c = 32,5$ cm, $\widehat{A} = 25°43'12", \widehat{B} = 82°16'$.

(n) $b = 10$ cm, $c = 12$ cm, $\widehat{C} = 30°$.

(ñ) $a = 12$ cm, $b = 18$ cm, $\widehat{B} = 63°25'42"$.

(o) $\widehat{A} = 100°2'30", a = 27$ cm, $c = 18$ cm.

(p) $a = 10,3$ cm, $b = 8,4$ cm, $\widehat{A} = 32°$

88. Resuelve los siguientes triángulos, teniendo en cuenta que cada uno de ellos tiene dos soluciones.

   (a) $\widehat{C} = 56°18'$, $c = 68$ cm, $b = 75$ cm.

   (b) $\widehat{A} = 48°25'42"$, $a = 3,5$ cm, $b = 3,9$ cm.

89. Verifica que estos triángulos no tienen solución:

   (a) $a = 25,7$ cm, $b = 96,2$ cm, $\widehat{A} = 35°$.

   (b) $\widehat{A} = 110°$, $a = 32$ cm, $c = 65$ cm.

90. Desde un lugar A se divisa el punto más alto de una torre con un ángulo de elevación de 25°. Si nos acercamos 50 m hacia la torre (punto B), el ángulo es de 55°. Calcula, utilizando el teorema del seno:

   (a) La distancia de A al punto más alto de la torre.

   (b) La distancia de B al punto más alto de la torre.

91. Indica razonadamente cuántas soluciones puedes obtener al resolver un triángulo si conoces:

    (a) Dos ángulos y un lado.

    (b) Dos lados y el ángulo opuesto a uno de ellos.

92. Dos gasolineras, A y B, se encuentran a 2500 m de distancia. Un coche, que tiene gasolina para recorrer un kilómetro y medio, está situado según los datos de la figura en el punto C. Estudia si tendrá gasolina para llegar a alguna de las gasolineras.

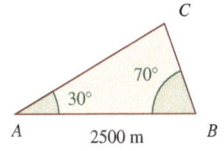

7 Teorema del coseno

Sea $\widehat{ABC}$ un triángulo cualquiera, y h, la altura correspondiente a uno de sus vértices, por ejemplo A. Como se muestra en las siguientes figuras:

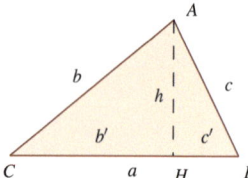 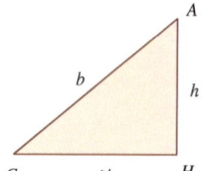

Aplicamos el teorema de Pitágoras al triángulo $\widehat{ABH}$, $c^2 = h^2 + n^2$. Puesto que $n = a - m$: $c^2 = h^2 + (a-m)^2$, de donde $c^2 = h^2 + a^2 + m^2 - 2am$. Además, en el triángulo rectángulo $\widehat{AHC}$ se cumple que:

$$b^2 = m^2 + h^2$$

$$\cos\widehat{C} = \frac{m}{b}, \text{ por lo que } m = b\cos\widehat{C}$$

Por lo tanto:

$$c^2 = h^2 + a^2 + m^2 - 2am = a^2 + b^2 - 2ab\cos\widehat{C}$$

Observa que se puede obtener una igualdad similar para el cuadrado de cualquier lado del triángulo. Estas igualdades constituyen el teorema del coseno.

Teorema del coseno. En cualquier triángulo, $\widehat{ABC}$:

$$\boxed{\begin{aligned} a^2 &= b^2 + c^2 - 2bc\cos\widehat{A} \\ b^2 &= a^2 + c^2 - 2ac\cos\widehat{B} \\ c^2 &= a^2 + b^2 - 2ab\cos\widehat{C} \end{aligned}}$$

7.1. Aplicación del teorema del coseno a la resolución de triángulos

El teorema de los cosenos cubre dos casos adicionales a los ya considerados con el teorema de los senos. Sea $\widehat{ABC}$ un triángulo cualquiera del que se conocen:

- Los tres lados. Si los datos son coherentes, en la figura del ejemplo puedes comprobar que el problema siempre tiene solución y es única. Se aplica tres veces el teorema del coseno para hallar los ángulos.

Ejercicio resuelto 7.1

Resuelve un triángulo del que conocemos sus tres lados: $a = 2$ cm, $b = 4$ cm, $c = 3$ cm.

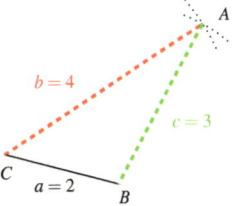

Se aplica tres veces el teorema del coseno para hallar los ángulos:

- $a^2 = b^2 + c^2 - 2bc\cos\widehat{A}$, sustituyendo $2^2 = 4^2 + 3^2 - 2\cdot 4\cdot 3\cos\widehat{A}$, de donde $\cos\widehat{A} \approx 0,875$ y $\widehat{A} = 28°57'18"$.

- $b^2 = a^2 + c^2 - 2ac\cos\widehat{B}$, sustituyendo $4^2 = 2^2 + 3^2 - 2\cdot 2\cdot 3\cos\widehat{B}$, de donde $\cos\widehat{B} \approx -0,25$ y $\widehat{B} = 104°28'39"$.

- $c^2 = a^2 + b^2 - 2ab\cos\widehat{C}$, sustituyendo $3^2 = 2^2 + 4^2 - 2\cdot 2\cdot 4\cos\widehat{C}$, de donde $\cos\widehat{C} \approx 0,6875$ y $\widehat{C} = 46°34'3"$.

Observa que los otros tres ángulos para los que se cumple que sus cosenos son iguales a los calculados anteriormente pertenecen al cuarto cuadrante y no pueden ser ángulos de un triángulo.

También es conveniente observar que la forma de resolver esta situación no es única. Para el segundo ángulo podríamos haber usado el teorema de los senos y para el tercero, tanto el teorema de los senos como la propiedad de que los ángulos de un triángulo suman 180°.

- Dos lados y el ángulo comprendido entre ellos. Observa en la figura del ejemplo que, con estos datos, siempre existe una única solución del problema. Para resolver estos casos, seguiremos el mismo método que en el caso anterior.

Ejercicio resuelto 7.2

Resuelve un triángulo del que conocemos dos de sus lados y el ángulo que se forma entre ellos: $a = 5$ cm, $b = 3$ cm, $\widehat{C} = 60°$.

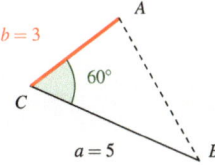

Para calcular el lado c, se aplica el teorema del coseno $c^2 = a^2 + b^2 - 2ab\cos\widehat{C}$:

$$c^2 = 5^2 + 3^2 - 2\cdot 5\cdot 3\cos 60° = 19$$

despejando, $c = \sqrt{19} \approx 4,36$ cm. Para calcular $\widehat{A}$ y $\widehat{B}$, se aplica dos veces el teorema del coseno:

- $a^2 = b^2 + c^2 - 2bc\cos\widehat{A}$, sustituyendo $5^2 = 3^2 + (\sqrt{19})^2 - 2\cdot 3\cdot\sqrt{19}\cos\widehat{A}$, de donde $\cos\widehat{A} \approx 0,1147$ y $\widehat{A} = 83°24'48"$.

- $b^2 = a^2 + c^2 - 2ac\cos\widehat{B}$, sustituyendo $3^2 = 5^2 + (\sqrt{19})^2 - 2\cdot 5\cdot\sqrt{19}\cos\widehat{B}$, de donde $\cos\widehat{B} \approx 0,803$ y $\widehat{B} = 36°34'57"$.

Ejercicios

93. Resuelve los siguientes triángulos:

(a) $a = 7$ cm, $b = 10$ cm, $\widehat{C} = 40°$.

(b) $a = 22$ cm, $c = 15$ cm, $\widehat{B} = 80°18'$.

(c) $b = 17,8$ cm, $c = 10,9$ cm, $\widehat{A} = 115°20'30''$.

(d) $b = 8$ cm, $c = 7$ cm, $a = 5$ cm.

(e) $a = 42$ cm, $b = 31$ cm, $c = 57$ cm.

(f) $a = 12,3$ cm, $b = 15,2$ cm, $c = 18,5$ cm.

(g) $\widehat{A} = 82°15'10''$, $c = 15$ cm, $b = 20$ cm.

(h) $a = 7$ cm, $b = 5$ cm, $c = 11$ cm.

(i) $\widehat{A} = 113°$, $b = 12$ cm, $c = 15$ cm.

(j) $a = 15$ cm, $b = 11$ cm, $c = 7$ cm.

(k) $a = 10,5$ cm, $b = 14,6$ cm, $c = 18,4$ cm.

(l) $a = 10,2$ cm, $b = 20,5$ cm, $\widehat{C} = 58°$.

94. Explica qué se obtiene al aplicar el teorema del coseno a un triángulo rectángulo. Compruébalo en un triángulo rectángulo cuyos catetos miden 8 cm y 20 cm.

95. Las casas de Jorge, Pablo y Marta están comunicadas por caminos rectos. Jorge recorre 2,5 km para ir a casa de Pablo y 3,6 km para ir a la de Marta. Si los dos caminos que salen de la casa de Jorge forman un ángulo de 110°, ¿qué distancia separa las casas de Pablo y de Marta?

96. ¿Es posible resolver un triángulo si se conoce la medida de cada uno de sus tres ángulos?

97. Una valla cuyo perímetro tiene forma triangular mide 20 metros en su lado mayor, 6 metros en otro y 60° en el ángulo que forman entre ambos. Calcula cuánto mide el perímetro de la valla.

98. Las diagonales de un paralelogramo miden 10 cm y 12 cm, y el ángulo que forman es de 48° 15'. Calcular los lados.

99. Calcula el perímetro del hexágono de la figura, sabiendo que está inscrito en una circunferencia de radio 10 cm.

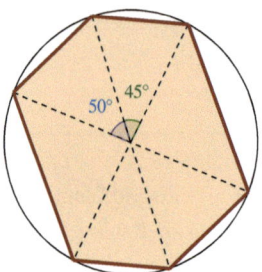

100. Las diagonales del siguiente paralelogramo miden 12 cm y 18 cm, respectivamente. Calcula las medidas de sus lados y de sus ángulos.

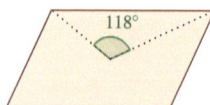

101. Determina razonadamente si con el teorema del coseno se puede resolver un triángulo del que se conocen:

    (a) Los tres lados.

    (b) Dos de sus ángulos.

    (c) Dos lados y el ángulo opuesto a uno de ellos.

    (d) Dos lados y el ángulo comprendido entre ellos.

    (e) Dos ángulos y un lado.

Soluciones

1. (a) $\sin B = \frac{3}{5}$, $\cos B = \frac{4}{5}$ y $\tan B = \frac{3}{4}$.
   $\sin C = \frac{4}{5}$, $\cos C = \frac{3}{5}$ y $\tan C = \frac{4}{3}$.
   (b) $\sin B = \frac{15}{17}$, $\cos B = \frac{8}{17}$ y $\tan B = \frac{15}{8}$.
   $\sin C = \frac{8}{17}$, $\cos C = \frac{15}{17}$ y $\tan C = \frac{8}{15}$.
   (c) $\sin B = \frac{5}{13}$, $\cos B = \frac{12}{13}$ y $\tan B = \frac{5}{12}$.
   $\sin C = \frac{12}{13}$, $\cos C = \frac{5}{13}$ y $\tan C = \frac{12}{5}$.
   (d) $\sin B = \frac{7}{25}$, $\cos B = \frac{24}{25}$ y $\tan B = \frac{7}{24}$.
   $\sin C = \frac{24}{25}$, $\cos C = \frac{7}{25}$ y $\tan C = \frac{24}{7}$.

2. (a) Falsa. La inversa del seno es la cosecante.
   (b) Falsa. La inversa del coseno es la secante.
   (c) Verdadera.

3. (a) Sí, se puede usar. (b) No, no es rectángulo. (c) No, no es rectángulo.

4. (a) $\sin \alpha = \frac{8}{17}$, $\cos \alpha = \frac{15}{17}$ y $\tan \alpha = \frac{8}{15}$.
   (b) $\sin \alpha = \frac{7}{25}$, $\cos \alpha = \frac{24}{25}$ y $\tan \alpha = \frac{7}{24}$.

5. (a) $\cot \alpha = \frac{3}{4}$ (b) $\sin \alpha = \frac{1}{2}$ (c) $\sec \alpha = \frac{4}{3}$ (d) $\csc \alpha = 5$

6. (a) Sí.
   (b) No, el seno y el coseno no pueden ser superiores a 1.
   (c) Sí.
   (d) Sí.

7. (a) Sí, todos.
   (b) Tangente y cotangente sí, secante y cosecante no.
   (c) Sí, todos..
   (d) Sí, todos.

8. (a) Hipotenusa = 7,75 cm.
   (b) Cateto opuesto = 3,37 cm.
   (c) Cateto opuesto = 0,19 cm.
   (d) Hipotenusa = 22,64 cm.

9. (a) $\sin B = \frac{12}{15}$, $\cos B = \frac{9}{15}$ y $\tan B = \frac{9}{12}$.
   $\sin C = \frac{9}{15}$, $\cos C = \frac{12}{15}$ y $\tan C = \frac{12}{9}$.
   (b) $\sin B = \frac{16}{20}$, $\cos B = \frac{12}{20}$ y $\tan B = \frac{16}{12}$.
   $\sin C = \frac{12}{20}$, $\cos C = \frac{16}{20}$ y $\tan C = \frac{12}{16}$.
   (c) $\sin B = \frac{5}{13}$, $\cos B = \frac{12}{13}$ y $\tan B = \frac{5}{12}$.
   $\sin C = \frac{12}{13}$, $\cos C = \frac{5}{13}$ y $\tan C = \frac{12}{5}$.
   (d) $\sin B = \frac{18}{30}$, $\cos B = \frac{24}{30}$ y $\tan B = \frac{18}{24}$.
   $\sin C = \frac{24}{30}$, $\cos C = \frac{18}{30}$ y $\tan C = \frac{24}{18}$.
   (e) $\sin B = \frac{13{,}8188}{18{,}5} = 07470$, $\cos B = \frac{12{,}3}{18{,}5} = 0{,}6649$ y $\tan B = \frac{13{,}8188}{12{,}3} = 1{,}1235$.
   $\sin C = \frac{12{,}3}{18{,}5} = 0{,}6649$, $\cos C = \frac{13{,}8188}{18{,}5} = 0{,}7470$ y $\tan C = \frac{12{,}3}{13{,}8188} = 0{,}8901$.
   (f) $\sin B = \frac{5{,}25}{10{,}85} = 0{,}4839$, $\cos B = \frac{9{,}5}{10{,}85} = 0{,}8756$ y $\tan B = \frac{5{,}25}{9{,}5} = 0{,}5526$.
   $\sin C = \frac{9{,}5}{10{,}85} = 0{,}8756$, $\cos C = \frac{5{,}25}{10{,}85} = 0{,}4839$ y $\tan C = \frac{9{,}5}{5{,}25} = 1{,}8095$.

10. (a) $\sin \alpha = \frac{6}{6{,}5}$, $\cos \alpha = \frac{2{,}5}{6{,}5}$ y $\tan \alpha = \frac{6}{2{,}5}$.
    (b) $\sin \alpha = \frac{4{,}8}{8}$, $\cos \alpha = \frac{6{,}4}{8}$ y $\tan \alpha = \frac{4{,}8}{6{,}4}$.
    (c) $\sin \alpha = \frac{1{,}5}{2{,}5}$, $\cos \alpha = \frac{2}{2{,}5}$ y $\tan \alpha = \frac{1{,}5}{2}$.
    (d) $\sin \alpha = \frac{1}{\sqrt{2}}$, $\cos \alpha = \frac{1}{\sqrt{2}}$ y $\tan \alpha = 1$.

11. $\sin \alpha = \frac{6{,}60}{7{,}82} = 0{,}8440$, $\cos \alpha = \frac{4{,}2}{7{,}82} = 0{,}5371$ y $\tan \alpha = \frac{6{,}6}{4{,}2} = 1{,}5714$.

12. (a) $\csc 30° = 2$ (d) $\sec 30° = \frac{2}{\sqrt{3}}$ (g) $\cot 30° = \sqrt{3}$
    (b) $\csc 60° = \frac{2}{\sqrt{3}}$ (e) $\sec 60° = 2$ (h) $\cot 60° = \frac{1}{\sqrt{3}}$
    (c) $\csc 45° = \sqrt{2}$ (f) $\sec 45° = \sqrt{2}$ (i) $\cot 45° = 1$

13. $45°$. Iguales.

14. (a) $\frac{\sqrt{3}}{2}$ (c) $-\frac{2+\sqrt{3}}{2}$ (e) $\frac{8+\sqrt{3}}{2}$ (g) $-\frac{3}{4}$
    (b) $\frac{3+\sqrt{3}}{2}$ (d) $\sqrt{3}$ (f) $-\frac{3}{2}$ (h) 9

15. (a) $1,4966$ (d) $0,4384$ (g) $0,6048$ (j) $1,1762$ (m) $1,1034$ (o) $1,6003$
    (b) $0,8157$ (e) $0,3249$ (h) $0,9320$ (k) $1,0098$ (n) $1,1352$ (p) $1,1749$
    (c) $0,0805$ (f) $0,3187$ (i) $0,2180$ (l) $0,2624$ (ñ) $1,3270$ (q) $12,7455$

16. (a) $\alpha = 45°$ (b) $\alpha = 45°$ (c) $\alpha = 60°$ (d) $\alpha = 30°$ (e) $\alpha = 30°$ (f) $\alpha = 30°$

17. (a) $\sin 45° = \frac{\sqrt{2}}{2} = \cos 45°$ (d) $\sin 80° = 0,9848 > 0,1736 = \cos 80°$
    (b) $\sin 50° = 0,7660 > 0,6428 = \cos 50°$ (e) $\sin 12° = 0,2079 < 0,9781 = \cos 12°$
    (c) $\sin 25° = 0,4226 < 0,9063 = \cos 25°$ (f) $\sin 30° = 0,5 <= 0,8660 = \cos 30°$

18. (a) $x = 60°$ (b) $x = 60°$ (c) $x = 30°$ (d) $x = 60°$ (e) $x = 30°$ (f) $x = 30°$

19. (a) $\cos \alpha = 0,8$ (b) $\sin \alpha = \frac{\sqrt{8}}{3}$ (c) $\cos \alpha = \frac{\sqrt{51}}{10}$ (d) $\sin \alpha = \frac{4}{5}$ (e) $\cos \alpha = \frac{\sqrt{21}}{5}$ (f) $\sin \alpha = 0,4359$

20. (a) $\tan \alpha = \frac{1}{2\sqrt{6}}$. (b) $\tan \alpha = \frac{2}{5}$. (c) $\tan \alpha = 0,75$. (d) $\tan \alpha = \frac{\sqrt{13}}{6}$.

21. Sí, se puede calcular a partir de cualquier razón trigonométrica. El procedimiento viene descrito en los ejemplos 7.2 y 7.3.

22. Partimos de la relación fundamental de las razones trigonométricas:
$$\sin^2 \alpha + \cos^2 \alpha = 1$$
dividiendo ambos miembros por $\sin^2 \alpha$
$$\frac{\sin^2 \alpha}{\sin^2 \alpha} + \frac{\cos^2 \alpha}{\sin^2 \alpha} = \frac{1}{\sin^2 \alpha}$$
por último, sustituyendo $\frac{\cos^2 \alpha}{\sin^2 \alpha} = \cot^2 \alpha$ y $\frac{1}{\sin^2 \alpha} = \csc^2 \alpha$, tenemos que
$$\cot^2 \alpha + 1 = \csc^2 \alpha$$

23. (a) $\sin \alpha = \frac{\sqrt{21}}{5}$ (c) $\sec \alpha = \frac{5}{\sqrt{22}}$ (e) $\sec \alpha = \frac{\sqrt{61}}{6}$
    (b) $\tan \alpha = \frac{\sqrt{63}}{8}$ (d) $\cos \alpha = \frac{5}{\sqrt{34}}$ (f) $\csc \alpha = \frac{4}{\sqrt{15}}$

24. (a) $\sin \alpha = \frac{\sqrt{5}}{3}$, $\tan \alpha = \frac{\sqrt{5}}{2}$, $\csc \alpha = \frac{3}{\sqrt{5}}$, $\sec \alpha = \frac{3}{2}$ y $\cot \alpha = \frac{2}{\sqrt{5}}$.
    (b) $\cos \alpha = \frac{11}{\sqrt{146}}$, $\sin \alpha = \frac{5}{\sqrt{146}}$, $\tan \alpha = \frac{5}{11}$, $\csc \alpha = \frac{\sqrt{146}}{5}$ y $\sec \alpha = \frac{\sqrt{146}}{11}$.
    (c) $\cos \alpha = \frac{\sqrt{5}}{3}$, $\sin \alpha = \frac{2}{3}$, $\tan \alpha = \frac{2}{\sqrt{5}}$, $\sec \alpha = \frac{3}{\sqrt{5}}$ y $\cot \alpha = \frac{\sqrt{5}}{2}$.

(d) $\cos\alpha = \frac{1}{\sqrt{5}}$, $\sin\alpha = \frac{2}{\sqrt{5}}$, $\csc\alpha = \frac{\sqrt{5}}{2}$, $\sec\alpha = \sqrt{5}$ y $\cot\alpha = \frac{1}{2}$.

(e) $\cos\alpha = 0,7141$, $\tan\alpha = 0,9802$, $\csc\alpha = 1,4286$, $\sec\alpha = 1,4004$ y $\cot\alpha = 1,0202$.

(f) $\cos\alpha = 0,3125$, $\sin\alpha = 0,9499$, $\tan\alpha = 3,0397$, $\csc\alpha = 1,0527$ y $\cot\alpha = 0,3290$.

(g) $\cos\alpha = \frac{\sqrt{7}}{4}$, $\tan\alpha = \frac{3}{\sqrt{7}}$, $\csc\alpha = \frac{4}{3}$, $\sec\alpha = \frac{4}{\sqrt{7}}$ y $\cot\alpha = \frac{\sqrt{7}}{3}$.

(h) $\sin\alpha = 0,7141$, $\tan\alpha = 1,0202$, $\csc\alpha = 1,4004$, $\sec\alpha = 1,4286$ y $\cot\alpha = 0,9802$.

(i) $\cos\alpha = \frac{7}{\sqrt{53}}$, $\sin\alpha = \frac{2}{\sqrt{53}}$, $\csc\alpha = \frac{\sqrt{53}}{2}$, $\sec\alpha = \frac{\sqrt{53}}{7}$ y $\cot\alpha = \frac{7}{2}$.

(j) $\cos\alpha = 0,1923$, $\sin\alpha = 0,9813$, $\tan\alpha = 5,1030$, $\csc\alpha = 1,0191$ y $\cot\alpha = 0,1960$.

(k) $\cos\alpha = \frac{\sqrt{21}}{5}$, $\sin\alpha = \frac{2}{5}$, $\tan\alpha = \frac{2}{\sqrt{21}}$, $\sec\alpha = \frac{5}{\sqrt{21}}$ y $\cot\alpha = \frac{\sqrt{21}}{2}$.

(l) $\cot\alpha = 3,6$, $\cos\alpha = 0,9635$, $\sin\alpha = 0,2676$, $\tan\alpha = 0,2778$, $\csc\alpha = 3,7369$, $\sec\alpha = 1,0379$ y $\cot\alpha = 3,5997$.

25. (a) $\cos\alpha = 0,7071$, $\tan\alpha = 1$, $\csc\alpha = 1,4142$, $\sec\alpha = 1,4142$, $\cot\alpha = 1$

(b) $\sin\alpha = 0,6$, $\tan\alpha = 0,75$, $\csc\alpha = 1,6667$, $\sec\alpha = 1,25$, $\cot\alpha = 1,3333$

(c) $\sin\alpha = 0,5547$, $\cos\alpha = 0,8320$, $\csc\alpha = 1,8027$, $\sec\alpha = 1,2019$, $\cot\alpha = 1,5$

(d) $\cos\alpha = 0,9539$, $\tan\alpha = 0,3145$, $\csc\alpha = 3,3333$, $\sec\alpha = 1,0483$, $\cot\alpha = 3,1798$

(e) $\sin\alpha = 0,8575$, $\cos\alpha = 0,5145$, $\tan\alpha = 1,6667$, $\csc\alpha = 1,1662$, $\sec\alpha = 1,9437$

(f) $\sin\alpha = 0,9922$, $\cos\alpha = 0,125$, $\tan\alpha = 7,9373$, $\csc\alpha = 1,0079$, $\cot\alpha = 0,126$

(g) $\sin\alpha = 0,2747$, $\cos\alpha = 0,9615$, $\tan\alpha = 0,2857$, $\csc\alpha = 3,6401$, $\sec\alpha = 1,0400$

(h) $\sin\alpha = 0,4$, $\cos\alpha = 0,9165$, $\tan\alpha = 0,4364$, $\sec\alpha = 1,0911$, $\cot\alpha = 2,2913$

(i) $\sin\alpha = 0,6690$, $\cos\alpha = 0,7433$, $\csc\alpha = 1,4948$, $\sec\alpha = 1,3454$, $\cot\alpha = 1,1111$

(j) $\sin\alpha = 0,2873$, $\cos\alpha = 0,9578$, $\csc\alpha = 3,4801$, $\sec\alpha = 1,0440$, $\cot\alpha = 3,3333$

(k) $\sin\alpha = 0,8944$, $\cos\alpha = 0,4472$, $\csc\alpha = 1,1180$, $\sec\alpha = 2,2361$, $\cot\alpha = 0,5$

(l) $\sin\alpha = 0,9354$, $\cos\alpha = 0,3536$, $\csc\alpha = 1,0690$, $\sec\alpha = 2,8284$, $\cot\alpha = 0,3780$

(m) $\sin\alpha = 0,4472$, $\cos\alpha = 0,8944$, $\tan\alpha = 0,5$, $\csc\alpha = 2,2361$, $\sec\alpha = 1,1180$

(n) $\sin\alpha = 0,8165$, $\cos\alpha = 0,5774$, $\tan\alpha = 1,4142$, $\sec\alpha = 1,7321$, $\cot\alpha = 0,7071$

(ñ) $\sin\alpha = 0,9950$, $\cos\alpha = 0,0995$, $\tan\alpha = 10$, $\csc\alpha = 1,0050$, $\sec\alpha = 10,0499$

(o) $\sin\alpha = 0,2$, $\cos\alpha = 0,9798$, $\tan\alpha = 0,2041$, $\sec\alpha = 1,0206$, $\cot\alpha = 4,8990$

(p) $\sin\alpha = 0,9129$, $\cos\alpha = 0,4082$, $\tan\alpha = 2,2361$, $\csc\alpha = 1,0954$, $\sec\alpha = 2,4495$

(q) $\sin\alpha = 0,8$, $\cos\alpha = 0,6$, $\tan\alpha = 1,3333$, $\sec\alpha = 1,6667$, $\cot\alpha = 0,75$

(r) $\sin\alpha = 0,7457$, $\cos\alpha = 0,6667$, $\tan\alpha = 1,1180$, $\csc\alpha = 1,3416$, $\cot\alpha = 0,8944$

(s) $\sin\alpha = 0,7071$, $\cos\alpha = 0,7071$, $\tan\alpha = 1$, $\csc\alpha = 1,4142$, $\cot\alpha = 1$

26. (a) $\cos 25° = 0,9063$ y $\tan 25° = 0,4663$ (c) $\sin 80° = 0,9848$ y $\cos 80° = 0,1736$

(b) $\csc 52° = 1,2689$ y $\tan 52° = 1,2801$ (d) $\sec 38° = 1,2682$ y $\cos 38° = 0,7885$

27. (a) $0^2 + 1^2 = 1$ (b) $\left(\frac{1}{2}\right)^2 + \left(\frac{\sqrt{3}}{2}\right)^2 = 1$ (c) $\left(\frac{\sqrt{3}}{2}\right)^2 + \left(\frac{1}{2}\right)^2 = 1$ (d) $\left(\frac{\sqrt{2}}{2}\right)^2 + \left(\frac{\sqrt{2}}{2}\right)^2 = 1$

28. (a) $\sin\alpha = 0,9919$ y $\tan\alpha = 7,8103$ (c) $\sin\alpha = 0,9659$ y $\tan\alpha = 3,7323$

(b) $\sin\alpha = 0,8660$ y $\tan\alpha = 1,7321$ (d) $\sin\alpha = 0,4068$ y $\tan\alpha = 0,4454$

29. (a) $\cos\alpha = 0,9860$ y $\tan\alpha = 0,1691$ (c) $\cos\alpha = 0,8485$ y $\tan\alpha = 0,6236$

    (b) $\cos\alpha = 0,6614$ y $\tan\alpha = 1,1339$ (d) $\cos\alpha = 0,5$ y $\tan\alpha = 1,7321$

30. (a) $\sin\alpha = 0,8371$ y $\cos\alpha = 0,5471$ (b) $\sin\alpha = 0,9882$ y $\cos\alpha = 0,1532$ (c) $\sin\alpha = 0,6564$ y $\cos\alpha = 0,7544$

31. Sí, $\cos\alpha = 0,9539$, $\tan\alpha = 0,3145$, $\csc\alpha = 3,3333$, $\sec\alpha = 1,0483$, $\cot\alpha = 3,1798$

32. $\sin\alpha = \frac{3}{\sqrt{13}}$ y $\cos\alpha = \frac{2}{\sqrt{13}}$

33. $\cos\alpha = \frac{45}{53}$ y $\tan\alpha = \frac{28}{45}$

34. $\sin\alpha = \frac{1}{\sqrt{26}}$ y $\cos\alpha = \frac{5}{\sqrt{26}}$

35. (a) $\widehat{B} = 52,63°$, $\widehat{C} = 37,37°$, $a = 6,92$ cm.   (d) $\widehat{C} = 54°$, $a = 12,86$ cm, $b = 7,56$ cm.

    (b) $\widehat{A} = 74,67°$, $\widehat{C} = 15,33°$, $a = 8,39$ cm.

    (c) $\widehat{B} = 25,38°$, $\widehat{C} = 64,62°$, $c = 12,65$ cm.   (e) $\widehat{A} = 74,3°$, $a = 6,53$ cm, $b = 1,83$ cm.

36. (a) $\widehat{B} = 53,13°$, $\widehat{C} = 36,87°$, $a = 2$ cm.   (g) $\widehat{C} = 35°$, $a = 2,62$ cm, $b = 2,14$ cm.

    (b) $\widehat{B} = 53,13°$, $\widehat{C} = 36,87°$, $b = 0,8$ cm.   (h) $\widehat{C} = 11°$, $a = 1,94$ cm, $c = 0,73$ cm.

    (c) $\widehat{B} = 70°$, $a = 3,19$ cm, $c = 1,09$ cm.   (i) $\widehat{B} = 43°$, $b = 1,36$ cm, $c = 1,46$ cm.

    (d) $\widehat{B} = 15°$, $b = 1,16$ cm, $c = 4,35$ cm.   (j) $\widehat{C} = 65°$, $a = 2,6$ cm, $c = 2,36$ cm.

    (e) $\widehat{C} = 53,55°$, $a = 4,04$ cm, $c = 3,25$ cm.   (k) $\widehat{B} = 68,2°$, $\widehat{C} = 21,8°$, $a = 2,69$ cm.

    (f) $\widehat{C} = 27,8°$, $b = 3,10$ cm, $c = 1,63$ cm.   (l) $\widehat{B} = 48,19°$, $\widehat{C} = 41,81°$, $b = 1,79$ cm.

37. $40°$

38. $102,68°$ y $77,32°$

39. Lado desigual: 27,58 cm. Ángulo desigual: $100°$. Área: 159,54 cm².

40. 33160,45 km.

41. (a) Lados iguales: 12,04 cm. Ángulos iguales: $41,63°$. Ángulo desigual: $96,73°$.

    (b) Lados iguales: 10 cm. Lado desigual: 13,77 cm. Ángulos iguales: $46,5°$.

    (c) Lados iguales: 14,2 cm. Ángulos iguales: $65°$.

42. (a) $\widehat{A} = 60°$, $\widehat{B} = 30°$, $a = 6,93$ cm.   (c) $\widehat{A} = 65,43°$, $\widehat{B} = 24,57°$, $c = 7,7$ cm.

    (b) $\widehat{B} = 20°$, $a = 4,32$ cm, $b = 1,57$ cm.   (d) $\widehat{B} = 45°$, $a = 2,5$ cm, $c = 3,54$ cm.

43. 7,07 centímetros.

44. Sí, en aquéllos en los que la hipotenusa vale 1.

45. Altura: $\frac{\sqrt{3}l}{2}$. Área: $\frac{\sqrt{3}l^2}{4}$.

46. 26,77 cm

47. 14,76 cm².

48. Área: 267,68 cm². Volumen: 82,69 cm³.

49. Área: 59,47 cm². Volumen: 13,19 cm³.

50. Perímetro: 40,96 cm. Área: 66,90 cm².

51. (a) No, no es suficiente. (c) No, no es suficiente.
    (b) Sí. (d) No, no es suficiente.

52. (a) 6,024 cm.
    (b) Perímetro: 49,44 cm. Área: 188,09 cm².
    (c) 8,28 cm.

53. (a) Apotema: 6,90 cm. Radio: 8,52 cm.
    (b) Lado: 3,25 cm. Radio 5,96 cm.
    (c) Lado: 6,21 cm. Apotema: 11,59cm.

54. Perímetro: 176,36 cm. Área: 2139,88 cm².

55. (a) 3,53 cm.
    (b) 5,71 cm.
    (c) 36°

56. Perímetro: 16,28 cm. Área: 13,40 cm².

57. Volumen: 71,75 cm³

58. Volumen: 20,67 cm³

59. (a) Volumen: 391,69 cm³ (b) Volumen: 1298,86 cm³

60. Área cono: 108π cm². Área cilindro: 252,78 cm².

61. Apotema: 9,24 cm. Lado: 7,65 cm.

62. $\frac{\sqrt{2}a^3}{12}$

63. (a) 93,99 cm².
    (b) 117,25 cm².
    (c) 84,08 cm³.

64. 93,33 m³.

65. (a) 164,24 m.
    (b) 2896098,67 m³
    (c) 32080 m².

66. Área: 4345,58 cm².

67. Sí, ya que los ángulos centrales miden $\frac{360°}{6} = 60°$ y como los exteriores son iguales, los 6 triángulos en los que se divide el hexágono son equiláteros, y así el radio y el lado son iguales.

68. (a) 6,88 cm.
    (b) 8,51 cm.
    (c) 172,05 cm^2.

69. Longitud de la rampa: 8,14 m. Ángulo de elevación: $10,62°$.

70. Ángulo de inclinación: $15,26°$.

71. Velocidad: $2,1 m/s = 7,56 km/h$

72. 14,82 m.

73. (a) Falso. (b) Verdadero.

74. 19,51 m.

75. 179,68 m.

76. Altura del árbol = 27,56 m. Anchura del río = 44,11 m.

77. $71,40°$.

78. 129,29 m.

79. 325,05 m.

80. 9,67 m.

81. 106,52 m.

82. 25 m.

83. 1,68 m.

84. $51,06°$.

85. 4,10 m

86. Laura: $79,05°$ y Jesús: $24,15°$.

87. (a) $c = 23,35$ cm, $\widehat{A} = 27,8°$, $b = 14,32$ cm.
    (b) $\widehat{B} = 45,15°$, $\widehat{C} = 37,85°$, $c = 8,66$ cm.
    (c) $\widehat{B} = 24,51°$, $\widehat{C} = 119,49°$, $c = 25,18$ cm.
    (d) $\widehat{B} = 45,95°$, $\widehat{A} = 81,05°$, $a = 24,74$ cm.
    (e) $\widehat{B} = 117,98°$, $\widehat{C} = 22,02°$, $b = 16,49$ cm.
    (f) $\widehat{B} = 35,81°$, $\widehat{A} = 84,19°$, $a = 42,50$ cm.
    (g) $\widehat{A} = 42,60°$, $b = 9,15$ cm, $\widehat{B} = 87,56°$.
    (h) $\widehat{C} = 118°$, $a = 3,83$ cm, $b = 5,45$ cm.
    (i) Sin solución
    (j) $\widehat{A} = 10,04°$, $b = 55,43$ cm, $\widehat{B} = 104,96°$.
    (k) $c = 25,34$ cm, $\widehat{A} = 79°$, $b = 21,61$ cm.
    (l) $\widehat{C} = 54°$, $a = 234,50$ cm, $c = 196,40$ cm.
    (m) $\widehat{C} = 72,01°$, $a = 14,83$ cm, $b = 33,86$ cm.
    (n) $\widehat{A} = 125,38°$, $a = 19,57$ cm, $\widehat{B} = 24,62°$.
    (ñ) $\widehat{C} = 79,97°$, $c = 19,82$ cm, $\widehat{A} = 36,60°$.
    (o) $\widehat{B} = 38,93°$, $\widehat{C} = 41,03°$, $b = 17,23$ cm.
    (p) $\widehat{B} = 25,61°$, $\widehat{C} = 122,39°$, $c = 16,41$ cm.

88. (a) Solución 1: $\widehat{A} = 57,12°$, $a = 68,64$ cm, $\widehat{B} = 66,58°$. (b) Solución 1: $\widehat{C} = 75,10°$, $c = 4,52$ cm, $\widehat{B} = 56,47°$.
    Solución 2: $\widehat{A} = 10,28°$, $a = 14,54$ cm, $\widehat{B} = 113,42°$. Solución 2: $\widehat{C} = 8,05°$, $c = 0,66$ cm, $\widehat{B} = 123,53°$.

89. (a) Si aplicamos el teorema de los senos: $\frac{\sin\widehat{A}}{a} = \frac{\sin\widehat{B}}{b}$, tenemos que $\frac{\sin 35°}{25,7} = \frac{\sin\widehat{B}}{96,2}$, de donde, despejando, $\sin\widehat{B} = \frac{96\sin 35°}{25,7} = 2,1470$, lo que es imposible.

    (b) Si aplicamos el teorema de los senos: $\frac{\sin\widehat{A}}{a} = \frac{\sin\widehat{C}}{c}$, tenemos que $\frac{\sin 110°}{32} = \frac{\sin\widehat{C}}{65}$, de donde, despejando, $\sin\widehat{C} = \frac{65\sin 110°}{32} = 1,9088$, lo que es imposible.

90. (a) 81,92 m.

    (b) 42,26 m.

91. (a) Una sola posibilidad, ya que el tercer ángulo viene unívocamente determinado.

    (b) 0, 1 ó 2 posibilidades.

92. Tendrá gasolina suficiente para llegar a B, que dista 1269,283 m, mientras que no podrá llegar a A (distancia: 2385,472 m).

93. (a) $\widehat{A} = 44,13°$, $\widehat{B} = 95,87°$, $c = 6,46$ cm.
    (b) $\widehat{A} = 62,49°$, $\widehat{C} = 37,21°$, $b = 24,45$ cm.
    (c) $\widehat{B} = 40,98°$, $\widehat{C} = 23,68°$, $a = 24,53$ cm.
    (d) $\widehat{A} = 38,21°$, $\widehat{B} = 81,79°$, $\widehat{C} = 60°$
    (e) $\widehat{A} = 46,20°$, $\widehat{B} = 32,19°$, $\widehat{C} = 101,61°$
    (f) $\widehat{A} = 41,38°$, $\widehat{B} = 54,77°$, $\widehat{C} = 83,85°$
    (g) $\widehat{B} = 58,17°$, $\widehat{C} = 39,58°$, $a = 23,33$ cm.
    (h) $\widehat{A} = 19,69°$, $\widehat{B} = 28,14°$, $\widehat{C} = 132,18°$
    (i) $\widehat{B} = 29,29°$, $\widehat{C} = 37,71°$, $a = 22,58$ cm.
    (j) $\widehat{A} = 110,93°$, $\widehat{B} = 43,23°$, $\widehat{C} = 25,84°$
    (k) $\widehat{A} = 34,75°$, $\widehat{B} = 52,42°$, $\widehat{C} = 92,82°$
    (l) $\widehat{A} = 44,13°$, $\widehat{B} = 95,87°$, $c = 6,46$ cm.
    (m) $\widehat{A} = 29,82°$, $\widehat{B} = 92,19°$, $c = 17,40$ cm.

94. Al aplicar el teorema de los cosenos a un triángulo rectángulo se obtiene el teorema de Pitágoras. En nuestro caso: $a^2 = b^2 + c^2 - 2bc\cos 90 = 64 + 400 - 2\cdot 8\cdot 20\cdot 0 = 464$, por lo que $a = \sqrt{464}$.

95. 5,04 km.

96. No, necesitamos el valor, al menos, de uno de los lados.

97. 43,78 m.

98. 4,59 cm y 10,05 cm.

99. 59,22 cm.

100. Lados: 8,14 cm y 12,95 cm. Ángulos: $64,74°$ y $115,26°$.

101. (a) Sí, se puede.

    (b) No, necesitamos por lo menos dos lados.

    (c) No, necesitamos el ángulo comprendido entre ellos.

    (d) Sí, se puede.

    (e) No, necesitamos por lo menos dos lados.